Entspannung, Meditation & Hypnose

Michael Ruberg

Entspannung, Meditation & Hypnose

Bibliografische Information der Deutschen Nationalbibliothek:
Die Deutsche Nationalbibliothek verzeichnet diese Publikation in der Deutschen Nationalbibliografie; detaillierte bibliografische Daten sind im Internet über dnb.dnb.de abrufbar.

Herstellung und Verlag: BoD – Books on Demand, Norderstedt

ISBN: 9783756221479

Cover: Das Bild wurde erstellt mit Wordle: wordle.net

Inhalt

Entspannung, Meditation & Hypnose

Bonus:

Spiritualität und Psychotherapie

Vorwort

Dieses Buch soll dem Interessierten eine Übersicht und ein besseres Verständnis über das Thema Entspannung, Meditation & Hypnose ermöglichen.

Im ersten Skript „**Counseling, Beratung & Psychotherapie**" ging es um die Berufsfelder, sowie um die Darstellung der verbreitetsten Methoden, insbesondere des Gesprächs.

Im zweiten Skript, das hier in Buchform vorliegt, werden speziell die Methoden der **Entspannung, Meditation & Hypnose** näher darstellt.

Im dritten Skript wird das Thema **Spiritualität** im Zusammenhang mit Counseling & Therapie dargestellt.

Mit den Themen Hypnose und Meditation, sowie mit Spiritualität beschäftige ich mich nunmehr seit über drei Jahrzehnten. Und man kann sagen, dass ich in dieser Zeit vieles darüber gelesen, selbst erfahren und erlebt habe. Ich werde stets bemüht sein, die unterschiedlichen Sichtweisen zu einem Thema darzustellen.

Michael Ruberg

Gesprächs- & Meditationstherapie

Entspannung, Meditation & Hypnose

Der Weg von Entspannung, Meditation & Hypnose im therapeutischen Kontext ist es, die unbewussten Anteile in die Erfahrung und den Prozess einer Veränderung einzubeziehen.

Unbewusste Anteile sind unbewusste Funktionen einer Handlungsweise oder eines Symptoms, unbewusste Widerstände, Ambivalenzen, widerstreitende Wünsche und Ziele, oder unterschiedliche Persönlichkeitsanteile.

Entspannung

Viele Menschen sind der Meinung, „Entspannen kann ich auch so, ich setze mich auf mein Sofa und höre ruhige Musik". Das ist richtig. Wozu also Entspannungsverfahren?

Entspannung ist kein einheitlicher Zustand, der entweder da ist oder nicht. Im Laufe eines Tages sind wir unterschiedlich angespannt oder auch entspannt. Es gibt entspanntere und weniger entspannte Zeiten im Arbeitsalltag. Abends, mit Freunden, sind wir dann in der Regel entspannter als tagsüber bei der Arbeit. Später, zu Hause, beim Hören von Musik, werden wir noch entspannter, und manche Menschen entspannen noch mehr bei einem heißen Bad. Man ist nicht nur „entspannt" oder „nicht entspannt", in fließenden Übergängen ergeben sich verschieden tiefe Entspannungszustände.

Das kann man selbst deutlich spüren. Und man kann es auch messen. Man kann den Puls und den Blutdruck messen. Man kann die elektrische Leitfähigkeit der Haut messen, den Hautwiderstand. Mit einem EEG (Elektroenzephalogramm) wird die Gehirnaktivität gemessen und man kann feststellen, in welchem Frequenzbereich sie liegt.

Mit systematisierten Entspannungsverfahren kann man noch tiefer entspannen, als es ohne diese Verfahren möglich ist.

Eine tiefe Entspannung kann der Erholung und Regeneration dienen, sie kann aber auch für therapeutische Zwecke genutzt werden.

In der Entspannung erhalten wir Zugang zu Anteilen unserer selbst, zu denen wir im Tagesgeschehen nur eingeschränkten Zugang haben, der uns im Tagesbewusstsein eben nicht bewusst ist, weswegen diese Anteile das „Unbewusste" genannt werden, oder auch das „Unterbewusstsein" (Näheres im Kapitel Unbewusstes / Unterbewusstsein). Im Kontakt mit diesen Anteilen können wir Informationen erhalten, die von „unten nach oben" aufsteigen, oder auch Modifikationen vornehmen, Anweisungen, die von „oben nach unten" fließen.

Das Autogene Training, die Progressive Muskelentspannung und die Achtsamkeitsbasierte Stressreduktion (MBSR) sind die verbreitetsten systematischen Entspannungsmethoden. Diese drei Verfahren arbeiten mit einem unterschiedlichen Ansatz, nämlich suggestiv bzw. autosuggestiv im Autogenen Training, über die willentliche Ansteuerung des Muskeltonus in der PMR und achtsam-beobachtend in der MBSR.

Autogenes Training

Das **Autogene Training** nach dem Arzt Johannes Schultz ist eine in Deutschland sehr verbreitete systematische Entspannungsmethode.

Die Bezeichnung „Autogenes Training" ist eine Verkürzung. Man muss sich nur mal fragen, was denn da trainiert wird. Schultz nannte seine Methode *„Autogenes Training der Selbsthypnose"*. Der Begriff *Selbsthypnose* wird heute allerdings gerne vermieden, da er viele Menschen abschreckt, die den Begriff mit falschen Vorstellungen verbinden (mehr dazu im späteren Kapitel über Hypnose). *Autogen* bedeutet aus sich selbst heraus entstehend, gemeint ist, ohne Einwirkung von außen.

Die hohe Verbreitung des AT in Deutschland geht – neben der Wirksamkeit – vor allem auf den Umstand zurück, dass diese Methode von einem deutschen Arzt entwickelt wurde. *Deutsch* und *Arzt* sind nach wie vor gewichtige Faktoren. In den USA und anderen europäischen Staaten spielt das Autogene Training hingegen eine untergeordnete Rolle verglichen mit anderen Methoden.

Ziel der Methode ist es, Verhaltensänderungen oder Veränderungen der Reaktion auf Reize (z.B. bei Phobien und Traumata) zu bewirken. Dies geschieht über mentale Vorstellungen, also ganz wesentlich über innere Vorstellungen. Um dies zu unterstützen und zu intensivieren, ist ein entspannter Zustand sehr hilfreich. Daher wird den übenden Patienten zunächst beigebracht, sich zu entspannen. Dies bildet die so genannte Unterstufe. Danach finden in der Mittelstufe (Arbeit mit Affirmationen) und Oberstufe (Arbeit mit bildhaften Vorstellungen) die eigentlichen therapeutisch wirksamen Interventionen statt. Seit Jahren ist es allerdings üblich, diese Aspekte wegzulassen, in der Regel wird nur die Unterstufe gelehrt und geübt, was sie sinnentleert und die Methode auf den Entspannungsaspekt reduziert.

In der Entspannung kommt es zu einer Weitstellung der peripheren Gefäße und dadurch zu einer erhöhten Durchblutung von Armen und Beinen. Dadurch wiederum werden Arme und Beine von einer entspannten Person oft als wärmer und auch schwerer empfunden. Dies nutzt das Autogene Training aus. Man suggeriert sich, dass die Arme und Beine wärmer und schwerer werden (in den ersten zwei Übungen), und nach einiger Zeit und Übung reagiert der Körper, indem er die entsprechenden Gefäße weit stellt und damit die suggerierten Empfindungen tatsächlich auslöst. Der Körper schaltet in den entspannten Zustand um. So geht man noch weitere Übungen (Atmung, Herzschlag) durch, bis der Körper die Umstellung vom aktiven zum entspannten Zustand vollzogen hat. Durch die wiederholten Suggestionen (die in ihrer Wirkung auf den Geist sehr den Mantren ähneln), hat sich auch der Geist auf die Entspannung umgestellt.

Es gibt es auch eine Reihe von Punkten, die gegen das Autogene Training sprechen. Nicht in dem Sinne, dass es schlecht ist, im Gegenteil, seine Wirksamkeit ist zahlreichen Untersuchungen erwiesen. Aber in dem Sinne, dass es bessere Verfahren gibt.

Die Suggestionen sollen einen Zustand herbeiführen, der im Augenblick noch nicht vorhanden ist. So wird gerade am Anfang der Übende, der sich Wärme und Schwere suggeriert, mit Rückmeldungen des Körpers konfrontiert, dass die Arme und Beine eben (noch) nicht warm sind, vielleicht hat er sogar kalte Füße oder Finger. Die Suggestionen wirken dann sehr unsinnig, da sie nicht mit der Wahrnehmung übereinstimmen. Mit etwas Geduld kommt man hier zwar weiter, es handelt sich aber eindeutig um eine Hürde, die das Erlernen unnötig erschwert und oft zu vorzeitigem Abbruch führt.

Hinzu kommen sprachlich sehr ungewöhnliche Formulierungen. Zwar wurden die Originalformulierungen von Schultz modernisiert, sie klingen aber immer noch befremdlich („Etwas in mir atmet" oder „Es atmet mich").

Und schließlich führt die Kappung der Mittel- und Oberstufe dazu, dass nicht von vornherein ersichtlich wird, welche Möglichkeiten an Veränderungs- oder Erfahrungspotential durch den entspannten Zustand eröffnet werden. Dadurch, dass zunächst relativ langwierig (in etwa sieben bis zehn Terminen) die Unterstufe eingeübt wird, fehlt es an einem Verständnis dafür, wofür ein Erlernen dieser Methode gut ist. Viele Klienten springen wieder ab, mit dem bereits oben genannten Hinweis, sie können sich auch so gut entspannen, indem sie sich hinsetzen und entspannende Musik hören. Der Mehrwert eines systematischen Entspannungsverfahrens wird nicht zeitnah erfahrbar gemacht.

Progressive Muskelentspannung

Die **Progressive Muskelentspannung** (PMR für engl.: Progressive Muscle Relaxation) nach dem amerikanischen Arzt Edmund Jacobsen hat einen anderen Ansatz. Hier werden nacheinander verschiedene Muskelgruppen gezielt angespannt und die Anspannung kurze Zeit gehalten und danach wieder losgelassen. Nach dieser kurzen Anspannungsphase gehen die Muskeln nicht auf den vorherigen Anspannungswert zurück, sondern auf einen etwas darunter liegenden, so als seien sie durch die kurze Anspannung nun etwas ermüdet. Dieser Effekt ist zwar gering, aber dadurch, dass nun Schritt für Schritt in einer längeren Übung verschiedene Muskelgruppen auf diese Weise entspannt werden, kumulieren diese Effekte und der gesamte Körper fühlt sich spürbar entspannter an.

Gegenüber dem Autogenen Training hat dieses Verfahren den Vorteil des erheblich einfacheren Einstiegs und der unmittelbareren Erfahrbarkeit von Entspannung. Es ist für jedermann gut geeignet, da die Anspannung nur gering ist und auch von bereits geschwächten Personen durchführbar ist. Es bleibt allerdings die Einschränkung, dass mit der erreichten Entspannung keine weitere Veränderung, keine weitere Erforschung des eigenen Innenlebens verbunden ist.

Achtsamkeitsbasierte Stressreduktion

Die **Achtsamkeitsbasierte Stressreduktion** (englisch **Mindfulness-Based Stress Reduction**, daher **MBSR** abgekürzt), die von dem amerikanischen Molekularbiologen Jon Kabat-Zinn aus buddhistischen Übungen für die Anwendung in Kliniken extrahiert und angepasst wurde, ist eine weitere effektive Methode zur Herbeiführung von Entspannung.

Da diese Form der Stressreduktion mit Methoden der Meditation arbeitet – und dabei deutlich über eine reine Entspannung hinausgeht – wird sie anschließend im Kapitel über Meditation kurz erläutert.

Die körperlichen Aspekte von Anspannung / Entspannung

Entspannung zu beschreiben, in Worte zu fassen, statt sie unmittelbar erfahrbar zu machen, ist gar nicht einfach. Entspannung ist irgendwie unauffällig. Es wirkt eher wie einfach das Nicht-Vorhandensein von Anspannung. Es ist auch weniger nach außen gerichtet als Anspannung. Um ein Verständnis der körperlichen Aspekte von Entspannung zu erhöhen, erscheint es sinnvoll, das Gegenteil, die körperlichen Aspekte von Anspannung zu beleuchten. Diese zumindest im groben Überblick zu verstehen, eröffnet wiederum das Verständnis von Entspannung.

Geschichtlich ist der Mensch eigentlich geschaffen für kurze, dafür große körperliche Aktivitäten. Er war Jäger und musste die Beute jagen. Oder er wurde zum Gejagten und musste fliehen. Oder er musste kämpfen. Diese Vorgänge haben einige Gemeinsamkeiten: sie dauern in der Regel nicht allzu lange und in dieser Zeit muss an die Grenze dessen gegangen werden, was als Leistungspotential vorhanden war. Es machte keinen Sinn, sich Leistungsreserven aufzubewahren und dann vom Feind getötet zu werden, sei es als Beute eines Raubtieres oder in einem Kampf gegen Artgenossen. Ebenso musste man alles daran setzen, die eigene Beute zu erlegen, wohingegen regenerieren (und verdauen) erst danach kam.

Des Weiteren haben diese Abläufe die Gemeinsamkeit, dass sie automatisch ablaufen. Zwar kann sich der Jäger willentlich entscheiden, jetzt zuzuschlagen, die einzelnen dann nötigen Abläufe im Körper kann er aber keinesfalls willentlich steuern. Und der Angegriffene hat nicht einmal die Zeit, sich für eine Abwehr oder Flucht willentlich zu entscheiden, es muss automatisch auf Kampf oder Flucht [1], jedenfalls auf körperliche Aktivität und Leistungsanforderung umgeschaltet werden. Hierfür werden Abläufe ausgelöst, die den Körper darin unterstützen.

Wenn der Mensch beispielsweise sprintet (sei es als Jäger oder als Gejagter), oder wenn der Mensch kämpft, so benötigen seine Körperzellen Sauerstoff, um ihre Arbeit durchzuführen. Dies gilt zwar für alle Zellen, doch im Ernstfall sind einige Zellen, einige Körperteile wichtiger als andere.

Dieser Sauerstoff wird über die Atmung aufgenommen, es wird daher die Atmung hochgefahren, um mehr Sauerstoff in den Lungen aufzunehmen. Der Sauerstoff wiederum wird mit dem Blut zu den einzelnen Zellen transportiert, Motor dieses Blutkreislaufs ist bekanntermaßen das Herz. Daher wird auch der Herzschlag hochgefahren, um den Transport zu gewährleisten. Also: Atem- und Herzfrequenz werden gesteigert.

Damit gerade diese wichtigen Organe (Lunge und Herz) gut arbeiten können, benötigen ihre eigenen Zellen ihrerseits Sauerstoff (wie alle Zellen), diesen erhalten sie über eigene Zuflusswege, ihre eigenen Blutadern. Damit hier genügend Blutfluss

---

[1] Im Englischen als „fight or flight" bekannt, ein Schlagwort, welches das Stress-Syndrom beschreibt.

und damit Sauerstoffanlieferung stattfindet, werden diese Zufahrtswege weitgestellt, die Blutgefäße werden geweitet.

Nun ist im menschlichen Körper eine in etwa stabile Menge an Blut vorhanden, es kann nicht einfach irgendwo mehr (zusätzlich) fließen und an anderer Stelle gleich bleiben, es muss an anderer Stelle eingespart werden. Soll nun in den zentralen Blutgefäßen, zu Herz und Lunge, mehr Blut fließen, wird es in den Armen und Beinen eingespart und die dortigen Blutgefäße, die peripheren Blutgefäße, enger gestellt.

Man könnte einwenden, dass beim Rennen und Kämpfen doch gerade die Beine gebraucht werden und diese Zellen eigentlich auch mit mehr Blut, also Sauerstoff, versorgt werden müssten. Aber aus dem gerade beschriebenen Grund, kann nicht überall „mehr" sein. Es erfolgt eine simple Prioritätensetzung. Im Bedarfsfall sind Lunge und Herz wichtiger, Arme und Beine können eine Zeitlang höhere Leistung erbringen, obwohl sie mit weniger Sauerstoff versorgt werden (Sauerstoffschuld) und sich später gegebenenfalls regenerieren.
Also: Zentrale Gefäße werden weit gestellt, periphere Gefäße eng gestellt.

Der Muskeltonus, die Grundanspannung der Muskeln nimmt im gesamten Körper zu, um Leistungsbereitschaft herzustellen und Aktions- und Reaktionszeiten zu verkürzen.

Der Körper stellt sich auf Verletzungen und deren Reparatur ein, die Blutungen sollen schnell gestoppt werden, kleinere Verletzungen im Körper schnell verschlossen werden. Hierzu wird vorsorglich die Gerinnungsfähigkeit des Blutes erhöht.

Die Körperzellen benötigen nicht nur Sauerstoff, sondern auch den ihnen angemessenen Treibstoff, Glucose. Daher wird die Glucosekonzentration im Blut erhöht. Dies wird wesentlich über das Hormon Cortisol bewirkt.

Bestimmte Körperabläufe sind nun gar nicht wichtig, obwohl sie viel Energie verbrauchen. Daher werden sie abgestellt.

Hierzu gehört in erster Linie die Verdauung, die Aktivität im gesamten Magen-Darm-Trakt.

Hierzu gehören aber auch kognitive Fähigkeiten, insbesondere der Abruf von Gedächtnisinhalten und das höhere Denken, das Handlungsfolgen auf längere Sicht prüft. Zwar wird auch die Durchblutung des Gehirns gesteigert, welche Hirnfunktionen dann aber begünstigt und welche gehemmt werden, ist komplex. Bezüglich der Erinnerungsfähigkeit scheint diese stark von einer vorherigen Konditionierung oder einer genetischen Disposition abzuhängen.

Das Immunsystem ist sehr energieintensiv, aber in einer Kampf- oder Fluchtsituation wird keine längerfristige Abwehr von Eindringlingen gebraucht, sondern die kurzfristige Abwehr äußerer Gefahren. Das Immunsystem wird daher kurzfristig heruntergefahren.

All' diese aufgezeigten Abläufe werden über das **Sympathische Nervensystem** gesteuert (und dieses wiederum maßgeblich vom Hypothalamus).

> Sympathisch heißt hier nicht wie in der Umgangssprache „nett, freundlich". Es wurde so genannt, da „sympathein" im Griechischen „mitleiden" heißt und nach einem frühen (zu ungenauen) Verständnis angenommen wurde, über die sympathischen Nervenstränge würde die Hauptkommunikation zwischen den Organen ablaufen, sie würden darüber „mitleiden".

Diese aufgezeigten Abläufe sind das, was man als **Stressreaktion** bezeichnet, die ihrerseits die körperliche Komponente bei empfundenem **Stress** ist.

Problematisch an diesen Abläufen ist für den heutigen Menschen zweierlei.

Erstens: Diese Prozesse laufen automatisch ab, sobald der Eindruck einer Notwendigkeit (von Kampf oder Flucht) empfunden wird. Und die mentalen Bewertungsprozesse, die zu diesem Eindruck führen, laufen weitgehend auf einer unbewussten Ebene ab.

Stellen Sie sich vor, Sie sitzen im Auto und fahren zu einem Termin. Sie sind ein wenig spät dran und der Verkehr fließt nur zäh. Sie merken, wie Ihr Herz schneller schlägt, wie sie nervös werden, wie sie angespannt werden. Das müssen Sie sich mal klarmachen: Sie sitzen völlig ruhig da, Sie müssen körperlich überhaupt keine Anstrengung vollziehen, und dennoch läuft die Stressreaktion in Ihnen ab. Ihr Unbewusstes registriert Ihre psychische Anspannung, es registriert, dass Sie die Situation als bedrohlich empfinden. Bedrohlich etwa in dem Sinne, dass sie möglicherweise zu spät kommen, möglicherweise einen schlechten Eindruck machen, möglicherweise den Verlust eines Geschäfts hinnehmen müssen. Ob diese Bedrohung wirtschaftlich ist oder lebensgefährdend, spielt keinerlei Rolle für ein – im besten wie im schlechtesten Sinne – primitives Steuersystem. Es blieb und bleibt dem menschlichen Gehirn keine Zeit für große Analysen, ob und welcher Art eine bedrohliche Situation ist und welche Maßnahmen erforderlich und angemessen oder auch nur zielführend sind. Es registriert eine Bedrohung und spult das gesamte Programm der Stressreaktion ab.

Das gleiche passiert oft in einer Prüfungssituation. Sie empfinden die Prüfungssituation als unangenehm, Sie möchten weg, möchten der Situation entfliehen. Und dies wird von Ihrem Unbewussten registriert, und es regiert mit der Vorbereitung einer Flucht und spult das gesamte Programm der Stressreaktion ab.

Oder Sie fühlen sich durch verbale Äußerungen eines anderen Menschen angegriffen. Ob diese Äußerungen tatsächliche Angriffe waren, ob diese Angriffe eine Gefahr für Leib und Leben darstellen, ob eine Flucht oder ein Kampf eine angemessene Maßnahme wären, all' dies sind kognitive Überlegungen, die in diesem Moment nicht stattfinden. Ein Ihnen nicht bewusster, also unbewusst ablaufender Prozess in einem kleinen Teil Ihres Gehirns registriert Ihr subjektives Empfinden, dass Sie sich angegriffen fühlen und spult das gesamte Programm der Stressreaktion ab.

Zweitens: Diese Stressreaktion war immer nur für einen überschaubaren Zeitraum sinnvoll. Er sollte nach geraumer Zeit beendet sein. Die Beute war erlegt (entweder Ihre Beute oder Sie als Beute), der Kampf war beendet. Die Stressreaktion, die Aktivierung der Flucht- und Kampffähigkeit, konnte beendet werden.

Gerade dies ist beim modernen Menschen in der heutigen Zeit anders. Oft ist es so, dass über mehrere Stunden eines Arbeitstages, oft noch auf dem Heimweg, oft auch noch weiter im Privatleben, eine Form von Bedrohung mehr unbewusst als bewusst wahrgenommen wird und die Flucht- und Kampffähigkeiten immer ein wenig oder auch stärker in Bereitschaft stehen. Es kommt zu einem **Dauerstress**. Und dieser wirkt sich schädigend aus.

Dieser Dauerstress wird über lange Zeiträume nicht bewusst wahrgenommen, da er schon zu sehr zum Alltag gehört als dass er als Ausnahmezustand eingeordnet würde. Gegenmaßnahmen müssen dringend ergriffen werden, am Besten, bevor es zu wahrnehmbarem Schaden kommt.

Somatische (körperliche) Folgen von Dauerstress:

- Die Steigerung des Blutdrucks führt zu chronischem Bluthochdruck und damit einhergehende Herz-Kreislauf-Erkrankungen

- Die kardiovaskuläre Anspannung führt zu einer Überlastung des Herzens

- Die erhöhte Grundanspannung der Muskulatur führt zu Muskelverspannungen und Muskelschmerzen

- Die erhöhte Gerinnungsfähigkeit des Blutes erhöht die Thrombose- und Infarktgefahr

- Der erhöhte Gluscosegehalt (Blutzucker) erhöht das Risiko von Gefäß- und Organschädigungen und Überlastung der Bauchspeicheldrüse

- Die geringere Durchblutung, Eigenversorgung, erhöhte Magensäureproduktion und verlängerte Aufenthaltszeit der aufgenommenen Nahrung erhöht die Anfälligkeit des gesamten Magen-Darm-Trakts

- Die Absenkung des Immunsystems führt zu erhöhter Anfälligkeit für Infektionen und Hyperinfektionen und zu einer Verlängerung der Erholungsphase

- Erhöhte Glucoseanforderung und verringerte Darmtätigkeiten führen zu Stoffwechselerkrankungen

- Übermäßige Ausschüttung der stressbezogenen Hormone (Katecholamine wie Adrenalin, Noradrenalin, Dopamin; Glucocortikoide wie Cortison bzw. Cortisol) führen zu Störungen des Hormonhaushalts

Stressbedingt **veränderte Verhaltensweisen:**

- Konsum von mehr kurzfristigen Energielieferanten wie Süßigkeiten

- Hastigeres Essen

- Zunahme von vermeintlich stressabführenden Strategien wie Rauchen

- Schlafstörungen

- Erschöpfungszustände

- Medikamentenmissbrauch (Schlafmittel, um einzuschlafen, Aufputschmittel gegen Müdigkeit, Doping auch in Businessbereichen, vermeintlich leistungssteigernde Mittel)

- Zahn- und Kieferprobleme durch Anspannung und nächtliches Aufeinanderpressen („Zähne zusammenbeißen und durch").

- und vieles mehr

Die gegenläufige Komponente ist das **Parasympathische System.**

Das parasympathische System

- verringert, beruhigt den Herzschlag

- verringert, beruhigt die Atmung (weshalb wir uns sofort insgesamt ruhiger fühlen)

- stellt die zentralen Gefäße wieder enger

- stellt dafür die peripheren Gefäße wieder weiter (die Hände werden wieder wärmer)

- fährt die Verdauung hoch (dafür ist ja jetzt Gelegenheit, daher verdauen Menschen gerade in Ruhephasen bzw. im Schlaf)

- erhöht die kognitiven Fähigkeiten (man kann wieder besser denken, weshalb einem die Lösung auch ohne Nachlesen einfällt, sobald die Prüfung vorbei ist)

- verringert die Grundanspannung der Muskulatur (entspannt diese)

- verringert die Energieanforderung der Zellen

- erhöht anabolische Vorgänge (Aufbau, Reparatur, Heilung)

Das Sympathische und das Parasympathische System (SNS und PNS oder Sympathikus und Parasympathikus) bilden ein antagonistisches System, das heißt, sie regen nicht beide gleichzeitig, sondern in weiten Teilen gegenläufig jeweils die ihnen zugeordneten Abläufe an.

Entspannung bedeutet auf der körperlichen Ebene also schlicht gesagt, **die Umstellung von einer Aktivität des Sympathikus zu einer Aktivität der Parasympathikus.**

Oder anders ausgedrückt: Der Sympathikus erhöht eine Handlungsbereitschaft, die auf körperliche Leistung nach außen ausgerichtet ist, der Parasympathikus erhöht die Ruhe und die nach innen gerichtete Aktivität und verschafft dem Körper damit die **Voraussetzungen zur Regeneration und Heilung.**

Wird durch lang andauernde Aktivierung des Sympathischen Nervensystems das antagonistische Parasympathische Nervensystem inaktiv gehalten, wird damit auch auf lange Dauer die Regeneration und Heilung unterdrückt.

Die seelischen Aspekte von Anspannung / Entspannung

Wie bereits erwähnt, laufen die beschriebenen körperlichen Prozesse als Folge von mentalen Prozessen ab, durch die eine Situation derart bewertet wird, dass sie eine Kampf- oder Flucht-Reaktion als notwendig erscheinen lässt.

Eine Person nimmt in Interaktion mit der Umwelt stets zwei Bewertungen vor und gleicht diese miteinander ab: eine Bewertung der Anforderungen durch die umgebende Umwelt und eine Bewertung der eigenen Möglichkeiten, mit dieser Anforderung umzugehen. Stressauslösend wirkt der Bewertungsvorgang, wenn die Situation (aus Umwelt & eigenen Möglichkeiten) so eingeschätzt wird, dass die Anforderung die eigenen Möglichkeiten zur Bewältigung übersteigt.

Entsprechend hat auch hier Dauerstress schädigende Folgen für die Psyche.

Psychische Folgen von Dauerstress:

- verringerte psychoemotionale Belastbarkeit (Gereiztheit)

- gesteigerte Aggression

- Nervosität

- Abnahme der Konzentration

- Gesteigerte Geräusch- oder Lichtempfindlichkeit

- Depression

- Burn-out

- Konditionierte Stressreaktion

- Akute Belastungsstörung

- und vieles mehr

In einer Wechselwirkung hat die Wahrnehmung eines entspannten, ruhigen körperlichen Zustandes Rückwirkungen auf unser seelisches Empfinden. Wer sich als körperlich entspannt wahrnimmt, fühlt sich sicherer.

Wer sich sicher fühlt, durchläuft keine oder nur geringe Stressreaktionen, wie oben beschrieben. Der Körper befindet sich daher häufiger im Ruhemodus, was wiederum die Wahrnehmung eines entspannten, ruhigen körperlichen Zustandes verstärkt.

Dies ist ein Umstand, den sich systematisierte Entspannungsverfahren zunutze machen. Dies gilt vom psychisch stabilen, aber dauergestressten Menschen bis zu pathologischen Formen der Wahrnehmungen von Bedrohung.

In der Arbeit beispielsweise mit unsicheren Klienten oder bei Angststörungen, ist das kognitive Arbeiten nur begrenzt zielführend (sie *wissen*, dass es nichts bringt, sich Sorgen zu machen und sie machen sie sich dennoch). Mit Entspannungsverfahren hingegen wird über das bewusste körperliche Empfinden einer Entspannung auch eine seelische Beruhigung und Entspannung herbeigeführt.

Das ist mehr als „Entspannen zum Wohlfühlen", sondern im Kopf werden die Weichen gestellt und mental, also in der Vorstellung, können diese Veränderungen schon einmal vorweg genommen werden.

Die entspannte Haltung überdauert die Dauer der reinen Übung oder Entspannungssituation und überträgt sich auf den Alltag, man empfindet sich als entspannter, gelassener und wirkt auch auf andere so. Der entspannte Mensch kann besonnener auf Anforderungen des Alltags reagieren und empfindet auch die Möglichkeit eigener Einflussnahme als größer.

Diese Effekte werden maßgeblich intensiviert, je mehr von rein körperlichen Entspannungstechniken zu mehr mentalen Techniken, (Selbst)-Hypnose und Meditationen übergegangen wird.

Literatur:

Jacobson, Edmund, 2006: Entspannung als Therapie. Progressive Relaxation in Theorie und Praxis. Stuttgart: Klett-Cotta [Erstauflage 1990].

Thomas, Klaus, 1989: Praxis des Autogenen Trainings. Selbsthypnose nach I.H. Schultz. Stuttgart: Thieme [Erstveröffentlichung 1967].

Literatur zur Achtsamkeitsbasierten Stressreduktion (MBSR von Jon Kabat-Zinn) wird unter Meditation aufgeführt.

Unbewusstes / Unterbewusstsein

Um die „Unbewussten Anteile" etwas greifbarer zu machen, ist es sinnvoll, zunächst einmal auf den Begriff des **Unbewussten** und des **Unterbewusstseins** einzugehen.

Das Unterbewusstsein ist kein bestimmter Ort innerhalb des Körpers oder insbesondere des Gehirns. Es ist vielmehr eine Funktion des Menschen, die unterhalb der Schwelle einer bewussten Wahrnehmung liegt.

Wenn hierbei von "Unter"bewusstsein gesprochen wird, dann handelt es sich einfach um das Modell einer Grenzlinie, einer Bewusstseinschwelle, oberhalb derer wir etwas wissen und unterhalb derer wir etwas nicht wissen, es uns "nicht bewusst" ist.

In der psychologischen Literatur wird dies als „**Unbewusstes**" bezeichnet.

Eine Unterscheidung von *Unbewusstes* und *Unterbewusstsein* geht auf unterschiedliche Konzepte zurück.

In der deutschsprachigen Forschung wurde der Begriff *Unbewusstes* durch Freud eingeführt (allerdings übernommen aus der Philosophie, u.a. nach Ideen von Friedrich Schelling) und wird seither in unterschiedlichem Verständnis weitergeführt.

Der Begriff *Unterbewusstsein* scheint im französischen *subconscient* zu wurzeln. Der Psychotherapeut Pierre Janet (der sich vorwiegend mit Dissoziationsstörungen und Traumata beschäftigte und noch vor Freud eine Theorie der Tiefenpsychologie veröffentlichte) hatte ihn eingeführt.

In der englischsprachigen Forschung wird von „**subconscious**" gesprochen, was übersetzt einem *Unterbewusstsein* entspricht.

Es wird daneben aber auch von „non-counscious", „nicht-bewusst" gesprochen.

Aufgrund der Komplexität der unterschiedlichen Entwicklungen der Begriffe und der geringen praktischen Relevanz für den therapeutischen Bereich, diese zu unterscheiden, soll hier auf weitere Ausführungen verzichtet werden.

Im Folgenden werden die Begriffe - wie auch in der populären Literatur - synonym verwendet.

Einige Beispiele sollen dieses Konzept verdeutlichen:

Unbewusste Reaktionssteuerung

Stellen Sie sich vor, Sie werden gelobt. Dies ist eigentlich etwas sehr positives, etwas, über das Sie Sich freuen könnten oder worauf Sie stolz sein könnten. Sie wissen, dass Sie gute Arbeit geleistet haben und das Lob berechtigt war. Aber dennoch spüren Sie vielleicht Verunsicherung, Scham oder gar Verärgerung.

Vielleicht hören Sie hier eine Aufforderung heraus, von jetzt an immer diese Leistung zu erbringen. Oder Sie befürchten, Sie hätten früher etwas falsch gemacht. Oder Sie ärgern sich darüber, wie dieser Schnösel dazu kommt, Ihre Leistung beurteilen zu wollen. Doch was es genau ist und woher die "Programme" kommen, die da laufen, ist ihnen "nicht bewusst".

Solange dieses Programm unbewusst weiterläuft, hindert es Sie am Annehmen des Lobes, am angemessenen Reagieren und schadet vielleicht Ihren weiteren Berufsschritten. Man kann aber dieses Programm verändern.

Wahrnehmungsfilter

Stellen Sie sich vor, Sie betreten ein Ihnen nicht bekanntes Zimmer und schauen sich darin einige Minuten um. Dann verlassen Sie das Zimmer wieder.

Nun stellt Ihnen jemand Fragen zu dem Zimmer. Welches Muster haben die Vorhänge? Welches Buch steht im Regal? Was ist auf dem Bild zu sehen, das auf dem Tisch steht? Welche Blumensorte ist in der Vase?

Möglicherweise werden Sie eine ganze Reihe dieser Fragen nicht beantworten können. Und Sie werden diese Fragen etwas sonderlich finden, da Sie meinen, dass dies eher Nebensächlichkeiten sind, die Sie doch gar nicht interessieren. Genau das ist der Grund, weshalb sie nicht bewusst von Ihnen wahrgenommen wurden. *Gesehen* haben Sie natürlich alles, die Augen haben alles erfasst und an das Gehirn weitergeliefert, aber Sie befanden es als zu unwichtig, um es überhaupt bewusst wahrzunehmen.

Es gibt zwischen den Informationen, die von den Sinnesorganen geliefert werden und dem Bewusstsein einen Filter. Würden alle Informationen durchgelassen und an das Bewusstsein weitergeleitet, dann würden Sie laufend Informationen bekommen der Art: Die Vase ist blau, und hat diese Form, die Blumen sind rote Nelken, nicht mehr ganz frisch. Im Regal steht ein Buch „Küsse nach Mitternacht", der Einband ist grün und aus Leinen. Der Titel steht in schwarz auf dem Einband. Der Teppich hat dieses Muster, der Vorhang jenes... und Millionen weiterer Informationen. Sie würden entnervt aufschreien: „Halt, das interessiert mich doch alles gar nicht und es wird mir zu viel."

Gerade dies zu verhindern, ist Aufgabe dieses Filtersystems. Es lässt nur einen kleinen Teil der Informationen durch, den Teil, von dem es glaubt, dass es die für Sie wichtigsten sind.

Doch dieses ist von Person zu Person unterschiedliches. Wenn Sie sich für Möbel interessieren oder gerade umziehen, dann nehmen Sie die Einrichtung vielleicht bewusster wahr als andere Personen dies tun würden. Wenn Sie ein penibles Ordnungsgefühl haben, fällt Ihnen der unaufgeräumte Tisch auf, den andere nicht wahrnehmen. Die Bilder sprechen Sie vielleicht an, weil Sie den Künstler wieder erkennen. Wenn Sie sich für Innenarchitektur interessieren, werden Sie das Zimmer ganz anders wahrnehmen, wenn Sie sich für Romane von xy interessieren, fällt Ihnen das Buch im Regal umso mehr ins Auge.

Dabei können sie den Filter programmieren, verändern. Wenn Sie beginnen, sich für ein neues Thema zu interessieren, wird Ihnen auch auffallen, dass sie viel mehr Hinweise auf dieses Thema wahrnehmen, dass sie viel öfter bestimmte Artikel in Zeitschriften wahrnehmen oder dass sie öfter Plakate für bestimmte Veranstaltungen wahrnehmen.

Ob es um Räume geht oder Menschen, Situationen oder Ereignisse, alles wird von Ihnen so wahrgenommen, wie es Ihr Filter durchgibt.

Dieser Filter ist Teil des Unbewussten. Er trennt das, was unbewusst bleibt, also nicht zur bewussten Wahrnehmung gelangt, von dem, was in das Bewusstsein gelangt.

Unbewusste Entscheidungs- und Handlungssteuerung

Das Unterbewusstsein steuert eine unvorstellbare Menge an Handlungsabläufen unseres täglichen Lebens. Und das ist gut so.

Stellen Sie sich vor, Sie betreiben eine Sportart. Oder vielleicht spielen Sie Billard, das jetzt als Beispiel dienen soll. Sie spielen schon einige Jahre und haben entsprechende Kenntnisse und Erfahrung erworben. Nun stehen Sie in einem wichtigen Spiel und müssen einen Stoß machen. Stellen Sie sich vor, was Sie nun alles bedenken, abschätzen und einfließen lassen müssen. Sie wissen exakt, wo Sie die weiße Kugel anspielen müssen, exakt mit welcher Kraft sie spielen müssen, wissen genau, welche Muskelpartien in ihrem Arm mit welcher Kraft kontrahieren müssen, um nicht zu fest und nicht zu wenig zuzustoßen. Wie misst man das überhaupt? Und welche Anweisungen geben Sie Ihren Muskeln? Vorwärts mit einem Achtel Impuls? Das klingt wie bei Star Trek. Und Sie wissen auch genau, wie weit Sie stoßen müssen, um einen Effet zu erzeugen. Und zwar einen Effet in der richtigen Stärke. Und dass der Tisch neu bezogen ist und die Kugeln vom neuen Tuch abgebremst werden, haben Sie natürlich registriert und Sie wissen genau, wie das Ihren Stoß beeinflussen wird.

Oh, Du meine Güte! Seien wir ehrlich: Wenn wir in so einer Situation mit unserem Verstand alle Parameter bewusst setzen müssten, wären wir verloren. Das Beste ist, man atmet mal tief durch und dann überlässt man das Ganze seinem Unterbewusstsein. Schließlich hat man die Erfahrung und irgendwie weiß man dann auch, wie man spielen muss, auch wenn man es nicht bewusst weiß.

In jedem Bereich, egal ob im Sport, in der Wirtschaft, im Beruf oder im Alltag, überlassen wir eine Vielzahl unserer Handlungen getrost dem Unterbewusstsein. Sie könnten nicht Auto fahren, mit seiner unüberschaubaren Flut von Sinneseindrücken und der Vielzahl von Bewegungen, die der Körper eines Fahrers koordinieren muss, nachdem Entscheidungen in Millisekunden getroffen wurden.

Gerade dies macht „Expertenwissen" aus. Experten wissen oft, was sie in einer Situation machen müssen, doch fällt es ihnen schwer, dies zu begründen oder erklären, wenn sie gefragt werden. Sie leiten ihre Handlungsentscheidungen nicht aus definierten und bewusst abgerufenen Regeln und Entscheidungshilfen ab, sondern verlassen sich auf ihre Erfahrung und ihre – Intuition.

Das klingt ja nun gar nicht „wissenschaftlich". Doch ist es bei all' unserem Streben nach Wissenschaftlichkeit gerade diese Fähigkeit, die einem Menschen den Zugang zu besseren Leistungen ermöglicht.

Ein anderes interessantes Beispiel stammt von Gunther Schmidt [2] aus einem Seminar. Er hatte nach eigener Aussage in seiner Jugend die Angewohnheit, öfter in den elterlichen Kühlschrank zu greifen und etwas zu essen, er war übergewichtig. Lange nachdem er ausgezogen war – und seine Ernährungsgewohnheiten umgestellt hatte –, stellte er bei Besuchen im Elternhaus fest, dass er immer noch völlig unmotiviert, wie automatisch in den Kühlschrank schaute und oft auch hineingriff, obwohl er gar nichts entnehmen wollte, obwohl er gar keinen Hunger hatte.

Diese alten Verhaltensmuster wurden reaktiviert durch die vielen Erinnerungen in seinem Elternhaus, die vielen äußeren

---

[2] Der Psychotherapeut Gunther Schmidt war Mitarbeiter von Helm Stierlin (Psychiater und Familientherapeut, Lehrstuhlinhaber an der Universität Heidelberg). Er war Schüler von Milton Erickson und hat die Arbeit Ericksons zunächst im Heidelberger Kollegenkreis vorgestellt und integriert, später wurde er der wohl bekannteste Vertreter dieser Richtung in Deutschland. Er leitet das Milton-Erickson-Institut in Heidelberg.

Reize, die visuellen Eindrücke, die Gerüche. In der Hypnotherapie nennt man diese Auslöser „Anker", da sie Verhaltensmuster verankern. Dies entspricht dem Reiz-Reaktions-Schema der klassischen Verhaltenstherapie, wo bestimmte Reize bestimmte Reaktionen auslösen. In der Verhaltenstherapie wie in der Hypnotherapie werden diese Verbindungen zwischen Auslöser und Verhalten neu verknüpft.

Noch eindrücklicher hinsichtlich der Wirkungsweise der unbewussten Programme ist ein Beispiel, das von Rüdiger Dahlke [3] in einem Vortrag [4] mitgeteilt wurde.

Einer Versuchsperson wurde unter Hypnose das Verhalten eingegeben, sie solle sich auf eine Zeitung stellen und könne nun nicht mehr von der Zeitung herunter. Nun stand also die Versuchsperson auf der Zeitung und konnte nicht herunter. Die Person selbst sollte sich nicht an die hypnotische Suggestion erinnern (das wurde hier für dieses Experiment unter Hypnose so vorgegeben, ansonsten kann die Person sich an alles erinnern). Sie konnte nur einfach nicht von der Zeitung herunter.

Was nun geschah, ist das Interessante: Die Person begann, Begründungen zu suchen und zu formulieren, warum sie nicht von der Zeitung herunter wolle. Diesen Vorgang nennt man „rationalisieren" (von ratio = Vernunft), ein Mensch sucht nach Gründen, die der Vernunft nachvollziehbar erscheinen. Vielleicht auch nur, um vor anderen Menschen eine „vernünftige"

---

[3] Der Arzt Rüdiger Dahlke war langjähriger Mitarbeiter des Psychologen und Psychotherapeuten Thorwald Dethlefsen, zusammen waren sie in Deutschland wohl die ersten Sachbuch-Autoren mit Veröffentlichungen über den Gedanken der Psychosomatik. Ihr Buch „Krankheit als Weg" wurde Anfang der achtziger Jahre zu einem Bestseller und Auslöser einer Welle von Sachbuchtiteln ähnlicher Art.

[4] Rüdiger Dahlke, Heilung durch Meditation, s. Literaturangabe.

Begründung vorweisen zu können. Die Versuchsperson wusste nicht, dass sie aufgrund der hypnotischen Suggestion nicht von der Zeitung herunter kann. Da es ihr unmöglich schien, nicht von einer simplen Zeitung herunter zu *können*, suchte sie nach Begründungen, die ihr das eigene Verhalten besser nachvollziehbar machten. Es erschien ihr einleuchtender, nicht von der Zeitung herunter zu *wollen*. Und so erfand die Person Gründe, warum sie denn auf der Zeitung stehen bleiben wolle. Dort sei es wärmer, dort sei es bequemer. Und da sie selbst auch ahnte, dass diese Begründungen nicht sehr haltbar waren, verfiel sie in Trotzverhalten. Sie stehe auf der Zeitung, einfach, weil sie es wolle, sie habe ein Recht darauf, dort zu stehen, wo sie wolle.

Dies zeigt sehr deutlich die Ausmaße, die solche unbewussten Programme auf das menschliche Verhalten haben. Und wie problematisch es sein kann, hierüber nichts zu wissen.

Und wie befreiend es sein kann, darüber etwas zu erfahren und die Programme bewusst zu verändern. Was hier nur ein Versuch unter Therapeuten war, um die Wirkungsweisen der unbewussten Anteile zu erforschen, darf nicht abgetan werden mit dem Hinweis, dies sei ja eine ganz und gar künstlich herbeigeführte Situation gewesen. Denn wir alle sind voll mit derartigen Programmen, und ein solches Experiment sollte uns dafür sensibilisieren.

Steuerung von Körperfunktionen

Solche unbewussten Programme steuern auch massiv unsere Körperfunktionen. Der Gedanke einer wechselseitigen Beeinflussung von Seele (= Psyche) und Körper (= Soma), der so genannten Psychosomatik, ist auch in der populären Literatur seit Jahrzehnten weit verbreitet. Dennoch ist er in den Köpfen der Menschen bei weitem noch nicht so angekommen, wie man sich das angesichts der erfolgreichen Bücher einschlägiger Autoren denken mag. So traf ich selbst auf Patienten einer

Reha-Klinik für Herzerkrankungen mit der Aussage „Was soll ich denn beim Psychologischen Dienst, ich hab's am Herzen, nicht im Kopf".

Auch und gerade in der Beeinflussung des Schmerzempfindens wird Hypnotherapie und Meditation (MBSR) seit Jahren erfolgreich eingesetzt.

Auch zum Beispiel in der Krebstherapie gibt es seit Jahren Ansätze, mit imaginativen Verfahren die Verbreitung von Krebszellen zu hemmen oder die Rückbildung von Krebszellen zu fördern.

Einzig die „wissenschaftliche" Untersuchung stößt auf pragmatische Schwierigkeiten.

Zum einen liegen diese in der Finanzierung. Pharmakonzerne, die Zytostatika zur (umgangssprachlich chemotherapeutisch genannten) Krebstherapie herstellen, bei denen eine Infusion leicht eine vierstellige Summe kosten kann, haben ein massives Interesse, Studien, die eine Wirksamkeit nachweisen, zu finanzieren. Studien, die eine Psychotherapie untersuchen, können dagegen nicht auf die Fördergelder der Wirtschaft hoffen und nur aus staatlichen Programmen finanziert werden.

Zum anderen liegt eine Kombination von ethischen und juristischen Bedenken vor. Um einen Wirksamkeitsnachweis erbringen zu können, müsste man Patienten nur mit Psychotherapie behandeln, also eben ohne Operation, Chemotherapie und Bestrahlungen. Dies ist aus aktueller medizinischer und juristischer Sicht nicht vertretbar, also wird Psychotherapie stets nur ergänzend angewendet, daher auch nur als ergänzendes Verfahren untersucht und bestätigt.

Meditation

Wenn Sie darüber nachdenken, was Meditation ist, an was denken Sie dann?

An so etwas wie „den Geist leeren" oder „den Geist beruhigen"?

Und dann kommt so was:

> „Es geht nicht darum, den Geist zu leeren oder zu beruhigen..."
>
> Jon Kabat-Zinn [5]

Meditation vs. Meditation

Der Begriff *Meditation* wird heute für eine riesige Bandbreite verwendet, von einfachen kurzen Übungen, die buchstäblich nur eine Minute dauern, bis zum disziplinierten, jahrelangen Meditieren der Mönche in Klöstern. Wie so oft gibt es sehr verschiedene Auffassungen darüber, was tatsächlich Meditation ist und was lediglich Entspannung oder Phantasiereise ist. Sehr vereinfachend kann man zwei Lager unterscheiden.

In dem einen Lager bildet oft die Einhaltung von Disziplin ein tragendes Element, wie es sich auch in der Sitzhaltung oder den längeren täglichen Meditationszeiten zeigt. Bereits innerhalb dieses Lagers gibt es Ansichten, die unter Meditation eine weitergehende Praxis, mit darüber hinaus gehenden Anforderungen der Lebensführung, etwa der Einhaltung ethischer Leitlinien, verstehen. Andere begrenzen dies auf die Zeiten einer formalen Meditationspraxis im engeren Sinne. In populären

---

[5] Im Alltag Ruhe finden, S. 40. Jon Kabat-Zinn ist einer der renommiertesten westlichen Meditationslehrer und hat das MBSR entwickelt, hierzu später in diesem Kapitel mehr.

Ansätzen sehen sie beide eine Verwässerung, zuweilen gar eine Geringschätzung ihrer eigenen Meditationspraxis, die sich auf jahrhundertealte Traditionen stützt. Dabei kritisieren sie nicht, dass Menschen andere Ansätze verfolgen, sondern dass sie diese ebenfalls als Meditation bezeichnen.

Das andere Lager vertritt eine gemäßigte Ansicht von Meditation. Hier geht es um Sammlung, Regeneration, Gesundheit, zuweilen um Selbsterforschung, und in einem erweiterten Verständnis auch um die Entwicklung einer offenen Haltung dem Leben gegenüber, seinen schönen Seiten wie seinen Herausforderungen.

Der Begriff Meditation wurde über die Jahrhunderte nur von der ersten Gruppe verwendet und ist in den wenigen letzten Jahrzehnten von der zweiten Gruppe aufgegriffen, verändert und popularisiert worden. Teil dieses Prozesses war auch die Herauslösung aus einem spirituellen Kontext im engeren Sinne und eine Einbindung in westliche Gesundheitstherapien.

Doch auch in spiritueller Hinsicht veränderte sich die Sicht auf Meditation, die lange ein skeptisch betrachtetes Nischendasein fristete. Westliche Menschen sind erst seit wenigen Jahrzehnten zunehmend an neuen Zugängen zu spirituellen Themen interessiert, und im Rahmen einer solchen neuen Orientierung auch an der Erkundung innerer Prozesse.

Verstärkt wurde diese Entwicklung auch durch eine parallele Entwicklung in Psychologie und Psychotherapie, durch die ein breiteres Interesse für eine Beschäftigung mit inneren Prozessen entstanden ist.

Sitzhaltung in der Meditation

Wenn man bei der Google-Bildersuche nach ‚Meditation'
sucht, werden einem in erster Linie, und auch in großen Men-
gen, Bilder angezeigt, die Menschen in einer bestimmten fernöstlichen Sitzhaltung zeigen, halber oder voller Lotussitz genannt. Diese Sitzhaltung ist zum optischen Ausdruck für
Meditation geworden.

Ohne Frage ist eine formale Sitzhaltung förderlich, wenn nicht
gar unumgänglich, wenn man über mehrere Stunden meditieren will. So ist zum Beispiel der Kopf recht schwer. Sinkt er in
der Meditation herab, belastet er die Nackenmuskulatur und
führt zu Verspannungen, ebenso belastet er die Halswirbel-
säule. Es ist essenziell, ihn in gerader Position zu halten. In ähnlicher Weise wird die gesamte Wirbelsäule durch eine gerade
Sitzhaltung entlastet. Ebenso das Zwerchfell, was das Atmen
erleichtert und auch tieferes Atmen in den Bauchraum (statt
Brustatmung) begünstigt. Ohne Frage.

Aber: Diese Aspekte kann man auch auf einem Stuhl umsetzen.
Die Sitzhaltung mit verschränkten Beinen auf dem Boden ist
hingegen durchaus schwierig zu erlernen, insbesondere für
Menschen aus dem Westen (Stühle statt Bodensitz), insbesondere für Menschen, die nicht ohnehin einen gymnastisch ge-
prägten Sport machen (Dehnungsübungen), insbesondere für
Menschen, die nicht mehr ganz jung sind (wo auch immer das
anfängt).

Es bleibt natürlich jedem unbenommen, dies zu halten, wie er
es als richtig einschätzt. Aber: will eine breitere Schicht von
Menschen tatsächlich mehrere Stunden meditieren? Die
Mehrheit der Menschen betreibt Meditation mit einem vollkommen anderen Anliegen.

Die Frage nach der Sitzhaltung ist natürlich ein Teil der Frage, „Was ist Meditation?". Nach dem oben dargestellten Spannungsfeld unterschiedlicher Ansichten ist auch die Sitzhaltung Objekt unterschiedlicher Auffassungen von ‚Meditation'.

Zwei Vertreter der unterschiedlichen Ansichten seien hier einmal gegenübergestellt:

> *Diese Formen sind keine Hilfsmittel, um den richtigen Bewusstseinszustand zu erreichen. Diese Haltung einzunehmen bedeutet bereits, den richtigen Bewusstseinszustand zu haben. Es gibt keine Notwendigkeit einen besonderen Bewusstseinszustand einzunehmen.*

Shunryu Suzuki [6]

> *Wenn Sie sich entspannt und wohl in ihrem Körper fühlen – das könnte nach einer guten Mahlzeit sein, oder während Sie in Ihrem Lieblingscafe sitzen, oder über das Meer schauen –, dann sitzen Sie einfach mit guter Laune da und betrachten, wie die Welt vorüberzieht. Das ist eine Form von Meditation – ruhig und beobachtend.*

> *Bei „richtiger" Meditation ist der einzige Unterschied, dass Sie bewusst und Ihrer selbst bewusst sind, über die Gegebenheit, dass Sie meditieren.*

> *Sie wissen, was Sie tun. Sie sind sich im Klaren darüber, dass Sie da sitzen, in guter Stimmung beobachtend.*

---

[6] Suzuki, Zen Mind, Beginner's Mind, S. 25. Suzuki war in den USA ein einflussreicher Zen-Meister, Autor und u.a. (Mit-)Gründer des San Francisco Zen Center.

Mehr noch, Sie haben sich dafür entschieden, für eine längere Zeit da zu sitzen oder in diesem wohlwollenden beobachtenden Zustand zu bleiben.

Nach meiner Meinung und Erfahrung, ist das der Schlüssel, einfach in diesen bequemen und beobachtenden Zustand zu sinken. Entspannt und wach.

Lassen Sie sich nicht stören von irgendwelchen Vorstellungen, dass Meditation diszipliniert oder schwierig ist. Das sind meiner Meinung nach nur Nachklänge von schlechten Anleitungen, die oftmals der Kampfkunst-Praxis oder einer militärischen Haltung zu Spiritualität entstammen.

Der Schlüssel ist, entspannt zu bleiben, so als wenn Sie einen guten Film sehen oder schöner Musik zuhören.

Das ist, wie ich gerne Meditation unterrichte.

William Bloom [7]

Das ist, wie ich gerne Meditation unterrichte.

---

[7] Bloom, The Power of Modern Spirituality, S. 120. Siehe weiteren Hinweis bei den Literaturangaben.

Das Wesen der Meditation

Meditation ist einfach. Wenn Sie meditieren wollen, dann tun Sie es einfach. Sie müssen nicht in einer bestimmten Weise atmen, Sie müssen nicht stundenlang in einer ungewohnten und unbequemen Weise sitzen, Sie müssen kein Mantra summen und kein Koan lösen. Körperhaltungen und Mantren mögen hilfreich sein, den erlebten Zustand zu vertiefen. Aber sie mögen auch hinderlich sein, wenn sie Sie davon abhalten, überhaupt anzufangen.

Zudem kommen diese Arten der Meditation aus Asien, die Menschen dort sind von Kindheit an andere Körperhaltungen, das Sitzen ohne Stühle, andere Formen der Musik mit anderer Melodik, andere Sprachmuster und andere religiöse Riten gewöhnt. Wenn Sie sich als europäisch-amerikanischer Mensch damit beschäftigen möchten, dann spricht nichts dagegen. Es ist aber nicht notwendig, um zu meditieren.

Meditieren heißt zunächst einfach nur, zu sich selbst zu kommen, das können Sie ganz einfach. Sie müssen nicht in einer bestimmten Art sitzen, Sie müssen gar nicht sitzen, wenn Sie nicht mögen. Sie können stehen oder gehen. Sie müssen nicht in einem bestimmten Rhythmus gehen oder die Hände in bestimmter Art halten.

Wenn Sie einen Spaziergang durch den Park machen, in Ihrer eigenen Geschwindigkeit, und sich die Zeit nehmen, dies zu genießen und den Park wahrzunehmen, dann meditieren Sie bereits. Wenn Sie einfach einen Kaffee oder Tee trinken, wenn Sie ihn nicht auf die Schnelle „to go" trinken, sondern sich die Zeit nehmen, ihn zu genießen und den Geschmack wahrzunehmen, dann meditieren Sie bereits. Wir würden es nur nicht unbedingt „meditieren" nennen. Aber das nur deshalb, weil wir mit diesem Begriff etwas exotischeres, etwas unbequemeres, etwas religiöseres verbinden. Wir würden es eher „Auszeit" nennen.

Doch darum geht es: einfach präsent sein – und die Präsenz auch wahrnehmen, eine Verschiebung der Wahrnehmung von außen nach innen (und letztlich später wieder nach außen). Es gibt nichts, was Sie damit erreichen müssen. Es gibt nur natürliche Folgen, sie folgen einfach.

So geht es in einem Meditationskurs auch weniger darum, zu lernen, als mehr darum, anzufangen. Sie kommen sich nur vielleicht nicht mehr so unsicher vor, wenn Sie es angehen, oder so allein. Der Kurs gibt Ihnen einen Rahmen. Natürlich müssen Sie nicht regelmäßig hingehen. Es mag nur sein, dass es Ihnen gefällt.

Die Augen zu schließen, ist hilfreich, um die Aufmerksamkeit weg zu führen von dem Außen. Wir sind visuelle Wesen, und solange wir die Augen geöffnet haben, nehmen wir sehr viel vom Außen wahr, und das auszublenden, ist sehr schwierig. Sobald wir die Augen schließen, geht es sehr viel leichter, die Aufmerksamkeit geht schon fast automatisch zurück, weg von dem Außen, mehr hin zu dem Innen.

Das ist auch eigentlich das, worum es in einer Meditation geht, nämlich um Veränderungen in der Ausrichtung der Aufmerksamkeit. Für mich kennzeichnet das aber die Meditation, die Ausrichtung der Aufmerksamkeit, weg von der Aufmerksamkeit nach Außen, was im Außen geschieht, hin zu dem Inneren.

Und man kann hier unterschiedlicher Meinung sein, worauf man nun die Aufmerksamkeit richtet: Ob es darum geht, sich mit der Aufmerksamkeit auf das Innere zu besinnen: „Wie geht es mir gerade, was geht gerade in mir vor, wie fühle ich mich gerade, wie fühlen sich die einzelnen Teile von mir an, wie ist gerade meine Befindlichkeit?". Oder ob es in der Meditation darum geht, „blank" zu werden, die Gedanken auszublenden, und einen leeren Geist zu entwickeln. Oder ob es darum geht, sich einfach nur hinzusetzen und zu schauen, was kommt an Gedanken, diese Gedanken einfach nur zu beobachten, nicht im Kopf zu diskutieren, sondern einfach nur beobachten, mit einer gewissen Distanzierung zu schauen, was kommt, was geht wieder.

Das sind verschiedene Ansätze, insofern erklären sich die unterschiedlichen Auffassungen darüber, was tatsächlich Meditation. Man kann aber sagen, dass diese Veränderung in der **Ausrichtung der Aufmerksamkeit** das Wesen der Meditation ist.

> Mehr zu dieser Fokussierung der Aufmerksamkeit im Kapitel über Hypnose.

Arten der Meditation

Es gibt viele Arten der Meditation. In der Stille, mit Musik, im Ruhen, in der Bewegung.

Beispiele für östliche Meditationsarten sind: Sitzmeditationen (Zazen, Vipassana, Samatha, Metta, Transzendentale Meditation), Bewegung (Tai Chi, Qi Gong, Yoga, Kinhin, Meditation der Himmelsrichtungen), Tanz, Ritual (Teezeremonie, Bogenschießen), Budo (Kata, Aikido, Kendo).

Beispiele für westliche Meditationsarten sind: Stille, Gebet, Kontemplation, Gesang (Gregorianik, Chanting, Taize), Gestaltungen (Malerei, Bildhauerei), Systematisierte Entspannungstechniken (Autogenes Training, Silva-Mind), Beschäftigung mit inneren Bildern (Phantasiereisen, Geführte Meditationen). Letztere sind eine der Hauptmethoden der westlichen Formen von Meditation in einem therapeutischen Kontext und werden unter fachlicher Anleitung zum effektiven Instrument in der **Hypnotherapie.**

Diese „westlichen" Meditationsarten gibt es zum Teil auch in Asien, gemeint ist, dass diese hier im Westen ohne asiatische Terminologie und Vorgehensweisen praktiziert werden und ihre eigene Tradition im Westen haben. Anderseits werden sie oft nicht als „Meditation" wahrgenommen und eingeordnet. Während christliche Meditation eher in der Bevölkerung ohne größere Wahrnehmung blieb, kommen hier als Meditation häufig zunächst die fernöstlichen Formen in den Sinn.

Wenn man es etwas salopp herunterbricht, kann man die Ansätze der Meditation im engeren Sinne (sitzend, zur Geistesschulung) in drei Ansätze einteilen, die sich in der Ausrichtung der Aufmerksamkeit unterscheiden.

– **Meditation mit fokussierter Aufmerksamkeit**

Fokussierung (Konzentration) auf *eine* Wahrnehmung (ein Objekt, einen Gedanken, ein Mantra), und das Bemühen, bei dieser zu bleiben und nicht abzuschweifen,

dadurch Ausblenden von anderen Gedanken, Wahrnehmungen,

dadurch Schulung der Konzentrationsfähigkeit,

dadurch geistige Stabilisierung

Ziel: Entwicklung von (Geistes-)Ruhe, „Leerer Geist"

Dies entspricht einer häufigen Ansicht: Meditieren bedeutet, den Geist zu leeren.

Beispiele: **Samatha** (pali, dt.: Ruhemeditation, engl.: Tranquility Meditation), Zazen

- **Meditation mit offener Beobachtung**

Wahrnehmung, was immer ins Bewusstsein treten mag, ohne diese Wahrnehmungen auszuwählen oder zu verdrängen, und ohne diese zu be- oder verurteilen,

dadurch Distanzierung von der eigenen Tendenz zur sofortigen Beurteilung von Wahrgenommenem,

dadurch erhöhte Akzeptanz des Wahrgenommenen

Ziel: Entwicklung von Einsicht

Das ist schon mal ein großes Wort: *Einsicht*.

Gemeint ist die Entwicklung von Einsicht in die drei Daseinsmerkmale nach buddhistischer Lehre:

- Leiden, Unzufriedenheit, Gefühl der Unzulänglichkeit (dukkha)

- Vergänglichkeit (anicca)

- Nicht-Wirklichkeit der derzeitigen Persona (anatta)

Damit ist diese Form der Meditation der Kern des Buddhismus. Konzentrations- bzw. Ruhemeditation gibt es auch in anderen Kulturen, die Einsichtsmeditation ist aber der zentrale Ansatz, die Weltsicht des Buddhismus nachzuempfinden (Einsicht in die genannten Merkmale des Buddhismus). Nicht, dass Buddha diese erst erfunden hätte, er hat seinerseits auf Meditationstraditionen zurückgegriffen.

Aus diesem Ansatz extrahierten Kabat-Zinn und seine Mitarbeiter seine MBSR-Übungen.

Beispiele: **Vipassana** (pali, dt.: Einsichtsmeditation, engl.: Insight Meditation), **Zazen**

- **Meditation mit Fokussierung auf Affirmationen**

  Diese Meditationsart verwendet Affirmationen (ähnlich wie im Autogenen Training, dem Positiven Denken, oder selbsthypnotischen Ansätzen). Zum Beispiel: „Es möge mir gut gehen", „Ich mag mich selbst", „Zufrieden und entspannt möge ich sein". Im weiteren Verlauf wird dies zunächst Freunden, dann Fremden, schließlich auch „Feinden" zugeschrieben.

  Ziel: Entwicklung von Charaktereigenschaften oder einer geistigen Haltung

  Beispiele: **Metta**: (Freundlichkeit, Güte). Ziel der Meditationsübungen ist das Erreichen einer liebevollen, wohlwollenden Haltung gegenüber der Welt und allen fühlenden Wesen.

Achtsamkeit

Die große Popularität des Themas führte in den letzten Jahren zunehmend zu einer Fülle von Anbietern und einer Schwemme von Beiträgen in Internet und Zeitschriften. Mit wachsender Popularität durchläuft gerade das Thema Achtsamkeit eine „yogaisierung".

Der Begriff „Achtsamkeit" ist in der deutschen Sprache wieder einmal missverständlich. Denn er erinnert an ein achtsames Verhalten, etwa im Straßenverkehr. Doch ist damit keine erhöhte Aufmerksamkeit im Sinne von Vorsicht gemeint.

Der englische Begriff für diese Richtung der Meditation ist „**Mindfulness**". Dies ist der Versuch, den Begriff „sati" aus dem Pali ins Englische zu übertragen.

„Mindful" ist ein in seiner ursprünglichen Bedeutung veraltetes Wort, es bedeutete „Gedächtnis". Damit erfasst es erstaunlich gut die ursprüngliche Bedeutung von „sati". Denn dieser Begriff bedeutete ursprünglich ebenfalls „Gedächtnis" und bezog sich auf eine Übung des Geistes, um das verfälschungsfreie Auswendiglernen umfangreicher spiritueller Texte zu unterstützen.

„Mindfulness" wiederum mit einem deutschen Wort zu übersetzen ist schwierig, da er wörtlich etwa mit „Geistesgefülltheit" zu übersetzen wäre. Der etablierte deutsche Begriff hierfür ist nun „Achtsamkeit".

Es geht hierbei in erster Linie erst einmal darum, *wahrzunehmen*, ohne zu sortieren, zu bewerten, zu ergänzen, Assoziationen fließen zu lassen, sondern sich erst einmal nur bewusst zu werden, was subjektiv wahrgenommen wird.

Achtsamkeit beinhaltet, auf eine bestimmte Weise aufmerksam zu sein: [8]

- Bewusst und gewollt (on purpose)

- gegenwärtig (in the present moment)

- nicht-bewertend (nonjudgementally)

Eine Definition, die – zumindest in englischsprachigen Artikeln – häufig zitiert wird:

„Achtsamkeit (Mindfulness) ist der bewusste (gewollte), akzeptierende und nicht-bewertende Fokus der

---

[8] Kabat-Zinn, Wherever You Go, There You Are (Im Alltag Ruhe finden).

eigenen Aufmerksamkeit gegenüber Emotionen, Gedanken und Empfindungen, die in dem gegenwärtigen Moment auftreten". [9] [10]

Man kann dies auch etwas kürzer fassen:

„Achtsamkeit ist eine möglichst bewusste, absichtslose, nicht-bewertende Haltung zum gegenwärtigen Geschehen". [11]

Um sich dieser Haltung anzunähern, wäre es ein erster Schritt, die Aufmerksamkeit, die Wahrnehmung, vom Außen auf das Innen zu lenken, auf die Wahrnehmung des eigenen Körpers und der eigenen Innenwelt. Später aber kann die Achtsamkeitshaltung wieder auf das Außen gerichtet und von Meditationsübungen im engeren Sinne auf den Alltag ausgedehnt werden.

So erklärt sich die zunächst irritierende Aussage von Kabat-Zinn, die eingangs zitiert wurde, *„Es geht nicht darum, den Geist zu leeren oder zu beruhigen…"*.

Es geht nicht in jeder Meditation darum, einen leeren Geist zu erreichen (wie etwa in der Ruhemeditation), sondern bei Achtsamkeit um einen „angefüllten" Geist, der einem bestimmten Moment oder Ereignis seine

---

[9] [...] "the intentional, accepting, and non-judgmental focus of one's attention on the emotions, thoughts and sensations occurring in the present moment." Aleksandra Zgierska et al., unter Bezug auf Kabat-Zinn [Übersetzung durch mich].

[10] Was mir an dieser Definition gefällt, ist dass man auch hier auf den Schlüsselbegriff *Fokus der Aufmerksamkeit* trifft.

[11] So etwa Michael Huppertz: Achtsamkeit, S. 23

volle, bewusste Aufmerksamkeit zuwendet, und assoziierte Gedanken (wie Interpretationen oder Bewertungen) abblendet.

Eine insbesondere in den USA weit verbreitete und dort in Kliniken vor allem in der Schmerztherapie eingesetzte Methode ist die Achtsamkeitsbasierte Meditation. Sie wurde von Jon Kabat-Zinn aus der buddhistischen Tradition [12] für die Anwendung in Kliniken extrahiert und zur **Achtsamkeitsbasierten Stressreduktion** (englisch **Mindfulness-Based Stress Reduction**, daher **MBSR** abgekürzt) angepasst. Hierzu werden verschiedene Entspannung- und Meditationsübungen angewendet, z.b. der **Body-Scan** und **Imaginative Meditationen.**

Beim Body-Scan wird der gesamte Körper Schritt für Schritt in Gedanken durchgegangen (gescannt) und nachgespürt, wie der betreffende Teil sich gerade anfühlt. Es soll nichts verändert werden, sondern wahrgenommen werden. Ziel ist es dort, in der langen, etwas einschläfernden Übung, eben nicht einzuschlafen, sondern wach zu bleiben und die Wahrnehmung zu schulen. Mit der Zeit entwickelt sich ein feines Feedback-System (Rückmeldungen des Körpers) und ein neues Verständnis und Verhältnis zum eigenen Körper. Darüber hinaus aber entwickelt sich auch die besondere Form der Wahrnehmungsfähigkeit, die als Achtsamkeit bezeichnet wird. Diese wird nach einiger Übung auch im Alltag aufrecht erhalten und führt zu einer veränderten Haltung der Person in Alltagssituationen.

---

[12] Vorwiegend Vipassana, aber auch Samatha (hier die Atemmeditation) und Metta (Güte, Loving-Kindness).

Mittlerweile hat sie auch in weiteren psychotherapeutischen Bereichen gute Anwendung gefunden, so in der Achtsamkeitsbasierten Kognitiven Therapie (Mindfulness-Based Cognitive Therapy, MBCT), in der Therapie von Depressionen oder in der Achtsamkeitsbasierten Rückfall Prophylaxe (Mindfulness-Based Relapse Prevention, MBRP) in der Therapie von Suchterkrankten.

Auch in der **Achtsamkeitsbasierten Psychotherapie** ist sie anzutreffen. Dies ist im Grunde keine Neuerung, Aspekte von Achtsamkeit sind schon lange Teil der Humanistischen Therapien, es wurde allerdings in den letzten Jahren Mode, bestimmte Grundhaltungen mit dem Begriff der Achtsamkeit zu benennen, wo früher vielleicht eher von Zugewandtheit und bewusstem Wahrnehmen gesprochen wurde. So bildet etwa eine achtsame Form des Zuhörens („**Deep Listening**") die Grundlage der Gesprächspsychotherapie, wenngleich Carl Rogers diese ohne fernöstlichen Hintergrund entwickelt hat.

Meditieren über eine Qualität

Vielleicht haben Sie schon einmal gehört oder gelesen, Sie könnten „über" einen bestimmten Begriff oder eine Qualität meditieren. Hierher kommt das Wort *Meditation* (von lat. meditatri, „über etwas nachdenken"). Was heißt es, „über etwas" zu meditieren?

Zunächst einmal heißt es nicht zwangsläufig, sich in einen Lotussitz zu begeben und einen Schlüsselbegriff, einem Mantra ähnlich, immer und immer wieder zu wiederholen, bis sich auf eine tief spirituelle Weise ein tieferes Verständnis hierzu entwickelt. Das kann man tun, aber für die meisten Menschen dürfte dies eher kein gehbarer Weg sein.

Es heißt aber durchaus, sich den Begriff mal einige Zeit lang durch den Kopf gehen zu lassen. Beispielsweise kann man sich vornehmen, einen Tag lang über einen bestimmten Begriff (einen Aspekt, eine Wahrnehmung, eine Qualität) zu meditieren. Dann lässt man sich in freien Momenten den Begriff durch den Kopf gehen, denkt ein wenig darüber nach, und achtet auf die eigenen Reaktionen gegenüber diesem Begriff. Lernt die eigene Einstellung hierzu neu kennen, spürt, ob die alten Sichtweisen noch dieselben sind oder sich mit der Zeit doch verändert haben. Und man kann in zwei Schritten darüber hinausgehen.

Man kann darauf achten, wo, im Laufe des Tages, einem dieser Begriff oder dieser Aspekt begegnet. Weniger in der schriftlichen Form, also als Begriff, sondern in einem Aspekt dieses Begriffes.

Beispielsweise meditieren Sie einen Tag lang über den Begriff Frieden. Oder Vergebung. Oder Gnade. Dann achten Sie an diesem Tag darauf, wo Ihnen Frieden oder Aspekte von Frieden oder Vergebung oder Gnade begegnen. Nicht nur Ihnen als Person gegenüber. Sondern um Sie herum.

Wie bereits beschrieben, existiert im Unbewussten ein Filtersystem, das von allem, was die Sinne wahrnehmen, den größten Teil herausfiltert, um uns nicht mit etwas zu belasten, was für uns nicht relevant erscheint (Kapitel Unbewusstes / Unterbewusstsein). Und dieses Filtersystem kann an veränderte Interessen angepasst werden, so dass nunmehr Informationen zu bestimmten Themen an das Bewusstsein durchgegeben werden.

Genau das geschieht, wenn Sie sich vornehmen, einen Tag lang auf bestimmte Dinge, Begriffe oder Aspekte zu achten. Sie werden sie verstärkt wahrnehmen.

Noch einen Schritt weiter gehen Sie, indem Sie sich vorneh-men, jetzt einmal einen Tag lang diesen Begriff oder diesen As-pekt dadurch besser kennen zu lernen, indem Sie ihn ausleben, indem Sie Erfahrungen unmittelbar mit ihm machen, und das bewusst. Im Beispiel mit dem Frieden könnte dies bedeuten, an diesem Tag Gelegenheiten zu nutzen, anderen Menschen gegenüber Frieden zu zeigen. Aufmerksam dafür zu sein, wann und wo sich eine Gelegenheit bietet, Frieden anzubieten (nicht aufzudrängen). Zum Beispiel im Beruf, im Straßenverkehr, oder im Supermarkt, oder abends in der Kneipe.

Am Ende eines solchen Tages werden sie diesen Begriff oder Aspekt in zumindest einer neuen Facette kennen gelernt ha-ben, ein neues Bewusstsein dafür entwickelt haben, wenn auch nur ein kleines Stück, an einem einzigen Tag.

Stille

„Stille" meint eine innere Stille. Ein Umschalten von Senden auf Empfangen. Ein Wahrnehmen dessen, was um einen oder in einem geschieht. Man kann diese Zeiten der Stille auch nut-zen, um sich seiner Verbundenheit wieder zu vergegenwärti-gen.

Allein durch das eigene Schweigen erhöht sich mit der Zeit die eigene Wahrnehmungsfähigkeit. Daher ist es auch eine gute Übung, Zeiten des Schweigens einzulegen, etwa einen „Tag der Stille".

„Stille" bedeutet dabei nicht, dass der stille Mensch einfach nicht redet. Es ist nicht so gemeint, dass jemand fernsieht oder einen Roman liest oder mit seinem Handy Nachrichten ver-schickt, nur eben nicht dabei spricht. Es bedeutet auch nicht das Vermeiden von Klang.

Es geht um eine Reduzierung der Stimulation durch äußere Reize und dadurch eine intensivierte Wahrnehmung der Eindrücke. Und es geht darum, diesen Eindrücken mit einer inneren Gelassenheit zu begegnen. Es wäre schon hilfreich, einen spürbaren Unterschied zum Alltag zu erzeugen.

Also eine Veränderung der Aufmerksamkeit. Das ist es, worum es letztlich immer geht.

Literatur:

Bloom, William, 2011. The Power of Modern Spirituality. London: Piatkus.

> William Bloom ist ein britischer spiritueller Lehrer und Autor. Er hat über 20 Jahre in der spirituellen Gemeinschaft von Findhorn gelebt. Dort wurde ich auch von ihm in seinem Kurs für Meditationslehrer darin bestärkt, der hier beschriebenen Ansicht von Meditation zu folgen und an andere weiterzugeben.

Dahlke, Margit & Dahlke, Rüdiger, 2005: Meditationsführer. Darmstadt: Schirner.

> Zu der Zuordnung der Meditationen zu den 12 Sternkreiszeichen, die in diesem Buch vorgenommen wird, kann ich nichts sagen. Für mich ist das Buch einfach eine interessante Sammlung und Beschreibung unterschiedlichster Meditationen.

Davich, Victor, 2007: Die 8-Minuten-Meditation: Der direkte Weg zum inneren Ort der Ruhe und Gelassenheit. München: Heyne [Erstveröffentlichung USA 2004: 8 Minute Meditation].

> Ein empfehlenswertes Buch zum Einstieg ist „Die 8-Minuten-Meditation" von Victor Davich. Davich wählte

die etwas ungewohnte Zeit von acht Minuten, weil sie im amerikanischen (und wohl auch im deutschen) Fernsehen der Länge der Werbeunterbrechungen entspricht. Time Magazine nannte diesen Ansatz „The most American form of meditation yet" (Die bisher amerikanischste Form von Meditation). Allerdings wurde er mittlerweile unterboten von Büchern wie „One Minute Mindfulness" von Donald Altman.

Eine ganze Reihe von Menschen mag einwenden, das sei ja Unfug, in nur acht Minuten (pro Tag) könne man nicht meditieren, das sei einfach zu kurz und daher unsinnig. Aber ich möchte dagegen halten. Zum einen ist es besser, regelmäßig acht Minuten zu meditieren, als gar nicht. Und wenn man es tatsächlich einigermaßen regelmäßig – nicht zwangsläufig jeden Tag – macht, wird es auch Wirkung zeigen. Zum anderen mag der Praktizierende feststellen – auch bei acht Minuten –, dass es ihm gut tut, er könnte Gefallen daran finden (oder auch nicht, zugegeben) und dann von sich aus etwas längere Zeiten wählen, etwa eine viertel Stunde (was dann schon doppelt so lange wäre) oder eine halbe. Wer allerdings von der bloßen Vorstellung, eine halbe Stunde zu investieren und dabei ruhig und bewegungslos zu sein, abgeschreckt wird, der wird gar nicht erst anfangen, zu meditieren. Insofern sind acht Minuten ein guter Einstieg.

Davich, Victor, 1999: Meditation. München: Mosaik (Goldmann) [Erstveröffentlichung USA 1998: The Best Guide to Meditation].

Fromm, Erich, Suzuki, Daisetz Teitaro, de Martino, Richard: Zen-Buddhismus und Psychoanalyse. Berlin: Suhrkamp. [Erstveröffentlichung USA 1960: Zen Buddhism and Psychoanalysis. Deutschland: 1972].

Huppertz, Michael, 2009: Achtsamkeit. Befreiung zur Gegenwart: Achtsamkeit, Spiritualität und Vernunft in Psychotherapie und Lebenskunst. Theorie und Praxis. Paderborn: Junfermann.

Huppertz, Michael, 2011: Achtsamkeitsübungen. Experimente mit einem anderen Lebensgefühl. Paderborn: Junfermann.

Kabat-Zinn, Jon, 2006: Gesund durch Meditation. Das große Buch der Selbstheilung. Frankfurt: Fischer [Erstveröffentlichung USA 1991: Full Catastrophe Living. Using the Wisdom of Your Body and Mind to Face Stress, Pain and Illness].

Kabat-Zinn, Jon, 2007: Im Alltag Ruhe finden. Meditationen für ein gelassenes Leben. Frankfurt: Fischer [Erstveröffentlichung USA 1994: Wherever You Go, There You Are. Mindfulness Meditation in Everyday Life].

Darf ich an dieser Stelle mal anmerken, wie fürchterlich Buchtitel zuweilen übersetzt oder neu gestaltet werden:

- Full Catastrophe Living (Die volle Katastrophe leben)
  dt: Gesund durch Meditation.

- Wherever You Go, There You Are (Wo immer Du hingehst, da bist Du)
  dt.: Im Alltag Ruhe finden.

Pirsig, Robert M.: Zen und die Kunst, ein Motorrad zu warten. [Deutsche Erstausgabe: 1974].

Eines der empfehlenswertesten Bücher über Zen aus westlich-unorthodoxer Sicht. Ein ehemaliger Philosophieprofessor macht mit seinem Sohn eine Motorradreise und schreibt in langen Monologen sowohl autobiografisch über seine Erfahrung mit dem

Psychiatriesystem wie insbesondere über sein Verständnis von Qualität.
[Erstveröffentlichung USA: Zen and the Art of Motorcycle Maintenance, 1974].

Shunryu Suzuki, 1970: Zen Mind, Beginner's Mind. Informal Talks on Zen Meditation and Practice. New York: Wheatherhill.

Laut dem Eintrag in der Wikipedia (US) hat Suzuki 1967 das erste Zen- Zentrum in den USA gegründet (Carmel-by-the Sea), später das Zen-Zentrum in San Francisco. Darüberhinaus waren seine Bücher einflussreich bei der Verbreitung von Zen und Buddhismus im Westen.

Van de Wetering, Janwillem: Der leere Spiegel. [Deutsche Erstausgabe: 1977].

Van de Wetering war Krimi-Autor, hatte aber zuvor eineinhalb Jahre in einem japanischen Zen-Kloster verbracht und über diese Zeit dieses Buch geschrieben. Das Buch ist kurz, kurzweilig geschrieben und daher schnell mal wegzulesen für einen unterhaltsamen Einstieg ins Thema. [Erstveröffentlichung Niederlande: De lege spiegel, 1972].

Watts, Alan: The Spirit of Zen. [Erstveröffentlichung USA: 1936].

Watts, Alan: The Way of Zen. [Erstveröffentlichung USA: 1957].

Alan Watts war ein Philosoph, der eine charismatische Stimme und Art hatte, Vorträge zu halten, es ist sehr empfehlenswert, sich einige davon anzuhören. Auf youtube findet man Stunden an Material.

Zgierska, Aleksandra, et al. (2009): Mindfulness Meditation for Substance Use Disorders: A Systematic Review. (In: Substance Abuse, Oktober/Dezember 2009, S. 266–294). [13]

Audio:

Zur Achtsamkeitsmeditation:

Kabat-Zinn, Jon, 2009: Die heilende Kraft der Achtsamkeit. Freiburg: Arbor.

Kabat-Zinn, Jon, 2008: Bei sich selbst zuhause sein. Freiburg: Arbor.

Dies sind effektiv eigentlich jeweils eine Doppel-CD, werden aber als Buch geführt. Sie enthalten geführte Meditationen, unter anderem einen Body-Scan, eine Berg- und eine Seemeditation (Die heilende Kraft der Achtsamkeit) bzw. „Offenes Gewahrsein" (Nowscape) und Metta-Meditation (Loving Kindness / Heartland) (Bei sich selbst zuhause sein).

Die Textvorlagen hierzu stammen von Jon Kabat-Zinn (auf englisch in der Guided Mindfulness Meditation Series bei Sounds True erschienen).

Kornfield, Jack 2007: Meditation für Anfänger. Göttingen: Arkana. [Erstveröffentlichung USA 2005: Meditation For Beginners.]

Jack Kornfield ist Amerikaner, Buddhistischer Lehrer, und einer der populärsten Autoren der Richtung Vipassana-Meditation.

---

[13] http://www.ncbi.nlm.nih.gov/pmc/articles/PMC2800788/pdf/nihms150897.pdf

Der Clou des Buches ist die beigefügte CD mit 6 (kurzen) Übungen, in der englischen Originalfassung von Kornfield gesprochen.

Winston, Diana: Weekly Podcast at the Hammer. Free UCLA Mindful Awareness Podcasts at the Hammer Museum.

Ein besonderer Tip.

Diana Winston ist die Direktorin des Mindful Awareness Research Center (MARC) an der University of California at Los Angeles (UCLA).

Sie leitet fast jede Woche kostenfreie Meditationen im Hammer Museum von L.A. Diese werden kostenfrei zum Download zur Verfügung gestellt. Jede Meditation hat eine kurze Einführung zu einem bestimmten Thema, so dass mit der Zeit viele Themen und Schwierigkeiten bei der Meditation angesprochen wurden. [14]

Es ist ja immer so eine Geschmackssache mit der Stimme und der Redeweise. Sehr viele Menschen mögen die langsame und wenig modulierende Art von Jack Kornfield oder Jon-Kabat Zinn. Ich persönlich mag beide als Sprecher nicht. Die Stimme und Sprechweise von Diana Winston höre ich hingegen sehr gerne. Insofern eine definitive Empfehlung von mir.

Eine besondere Empfehlung sind die Podcasts der Veranstaltungen, bei denen Michael Perricone Tibetische Klangschalen spielt! (Auf der Seite danach suchen). Die Aufnahme vom 2. März 2017 (March 2, 2017) hat im Vergleich zu anderen einen besseren Klang.

---

[14] http://marc.ucla.edu/meditation-at-the-hammer

Die (vermeintlich) negativen Nebeneffekte von Meditation

Verschiedene Forscher haben von Meditierenden auch negative Erscheinungen mitgeteilt bekommen. Diese können, zusammengetragen, eine längere Liste ergeben. Einige Punkte seien hier zusammengefasst und erläutert [15]:

1. Körperliche Schmerzen und kinästhetisches Unbehagen

Diese treten insbesondere dann auf, wenn Sie mit Mitte vierzig zu meditieren beginnen und dies „richtig" machen wollen und sich daher in einen vollen Lotussitz quälen.

Nein, im Ernst: Wenn Sie körperliche Beschwerden haben, machen Sie es sich bequem. Und wenn Sie keine haben, dann meditieren Sie so, wie wir es im Westen zu sitzen gewohnt sind: auf einem Stuhl, mit den Beinen auf dem Boden.

In vielen Meditationsbüchern steht, dies sei nicht die richtige Art zu meditieren. Holen Sie sich ein anderes Buch.[16]

2. Langeweile

In der Tat kann nach einiger Zeit Langeweile auftreten. Dies gehört zum Prozess und mit Langeweile – oder Reizreduktion – umzugehen, ist eine Herausforderung

---

[15] Liste (Symptome) nach Perez De Albeniz & Holmes: Meditation: Concepts, Effects and Uses in Therapy. Erläuterungen und Entgegnungen von mir.

[16] Wie eingangs erwähnt, gibt es unterschiedliche Ansichten darüber, wann es sich um Meditation handelt und wann es nur Entspannung ist.

für den westlichen Großstadtmenschen, der zu allen möglichen Tätigkeiten Radio oder Fernseher laufen hat, am PC Multitasking betreibt und das Smartphone kaum aus der Hand legt. Gerade eine Reizreduktion macht zu Beginn deutlich, wie sehr wir an visuelle und akustische Reize gewohnt sind, wie sehr wir sie vermissen, da wir sie als „normal und dazugehörend" einstufen. Dieser Effekt tritt umso stärker auf, je mehr man sich zurückzieht, etwa bei Zeiten in Klostern oder auf Retreats. Doch nach einiger Zeit der Umgewöhnung tritt eine Ruhe ein, die viele Meditierende als sehr angenehm empfinden, und unsere Sinne werden wieder für andere Eindrücke und Informationen empfänglicher. Geben Sie sich die Chance, dies zu erleben.

Und dennoch: es geht hier nicht ums Missionieren. Wenn Ihnen Meditation nicht gefällt, dann lassen Sie es wieder. Sie sollten sich nur im Klaren sein, dass es einige Zeit dauert, bis man die positiven Aspekte wahrnimmt und wertschätzt.

3. Anspannung statt Entspannung

Wenn Meditation zu Beginn nicht Entspannung hervorruft, sondern Anspannung, so beruht das auf der Erwartungshaltung des Meditierenden. Zwar erwartet er Entspannung, aber er erwartet Resultate oder er hat Vorfreude oder er ist auf einem so hohen gedanklichen Intensitätslevel, dass es eine Zeit dauert, herunter zu kommen. Der Meditationseffekt der Entspannung kann nicht erzwungen werden – genauso wie der Schlaf. Wenn Sie ins Bett gehen und unbedingt einschlafen müssen, weil Sie morgen einen wichtigen Termin haben, können Sie sich noch so sehr anstrengen – mit dem Einschlafen klappt es nur sehr schwer. Niemand kann Ihnen erklären, wie „man einschläft", aber

im Grunde folgt es von allein, wenn man die Rahmen-
bedingungen geschaffen hat – genauso wie Entspannung.

4. Konfrontation mit unangenehmen Gefühlen

Wenn man zur Ruhe kommt und seine Wahrnehmung
nicht mehr von Außenreizen bestimmt wird, kommt
man in stärkeren Kontakt mit sich selbst. Für viele ist
dies der Grund, zu meditieren. Gleichwohl ist es für
viele eine Herausforderung. Nicht immer gefällt uns,
was wir an uns oder in uns selbst wahrnehmen. Dies ist
häufig wiederum ein Grund, sich mit Außenreizen abzulenken.

Selbsterkenntnis ist ein großes Wort. So mancher nickt
ab und meint: „Doch, doch, natürlich kenne ich mich.
Ganz gut sogar". Doch sind damit nicht die Personalien
gemeint. Gemeint sind die inneren Antreiber, die inneren Anteile, die inneren Einstellungen, gerade dann,
wenn nicht auf Außenreize und auch Fremdbestim-
mung zurückgegriffen wird, sondern die eigene Person
im Mittelpunkt steht. Selbsterkenntnis. Darüber haben
viele Autoren eigene Bücher geschrieben. Ich belasse
es bei diesem kurzen Hinweis.

5. Vermeidung

Genauso wie der Nicht-Meditierende eine Konfronta-
tion mit unangenehmen Fragen vermeidet, indem er
sich durch äußere Reize ablenkt, kann sich der Meditierende auch durch Meditation, insbesondere durch
Konzentration auf bestimmte Meditationshilfen (etwa
ein Mantra, ein Koan etc.) ablenken. Hier kommt es darauf an, welche Zielsetzung die jeweilige Meditations-
form hat. In der Achtsamkeitsmeditation ist dies nicht

so sehr zu erwarten, da hier ohnehin den aufsteigenden Empfindungen eigene Aufmerksamkeit zugebilligt wird.

6. Zunehmende Negativität und urteilender werden

Meditation kann dazu führen, dass der Meditierende sich und seinen Verhaltensweisen mehr Aufmerksamkeit schenkt und nicht mit allen seiner Handlungsweisen einverstanden ist. Das mag sich anfangs in einer Form von Unzufriedenheit mit sich selbst ausdrücken.

Zum anderen mag es sein, dass dem Meditierenden die nicht mehr gebilligten Verhaltensweisen nun umso mehr bei anderen auffallen. Diese Schattenarbeit hat er in der Tat vor sich.

Umgekehrt lässt sich durch Meditation mit der Zeit auch das Verständnis, das Mitgefühl für andere Menschen, oder ein Gefühl der Zusammengehörigkeit steigern.

7. Depression

Es kann vorkommen, dass durch Meditation eine Depressionstendenz nunmehr zum Ausdruck gelangt.

Dem ist aber entgegenzusetzen, dass im Rahmen der Mindfulness-Based Cognitive Therapy gerade Meditation in der Behandlung Depressionskranker gute Erfolge zeigt.

8. Antriebslosigkeit

Hier muss geklärt werden, ob tatsächlich eine Antriebslosigkeit entstanden ist oder aber – was wahrscheinlicher ist – eine Veränderung der Motivation stattgefunden hat. Motivierende Faktoren sind häufig beruflicher Erfolg, Einkommen, gesellschaftliche Anerkennung und ähnliches. Diese können sich im Laufe der Meditation verändern. Sie tun dies häufig auch völlig ohne Meditation. Doch wenn sich ein Mensch über längere Zeit mit Meditation beschäftigt, mag es durchaus sein, dass er andere Werte oder Vorstellungen von wichtigen Inhalten seines Lebens entwickelt und ihn die bisherigen Faktoren nicht mehr reizen oder antreiben.

Krisen sind mögliche Übergangserscheinungen von persönlicher Weiterentwicklung.

9. Angst vor unlieben Erinnerungen oder aufbrechenden Traumata

In der Tat können Erinnerungen reaktiviert werden. Auch Erinnerungen an Ereignisse, die man nicht in den Fokus stellen möchte, oder an verdrängte Situationen, in denen ein Mensch Schaden nahm und in denen er zum Selbstschutz beschloss, diese nicht mehr zu erinnern. In der Reizreduktion und der Rückbesinnung der Meditation, in der wir empfindsamer werden für unsere eigene innere Stimme, mögen diese Erinnerungen hochsteigen. Das ist aber nun wieder keinesfalls eine übliche Folge einer Meditation, sondern eine unübliche. Der Selbstschutz einer Psyche, so sie denn überhaupt ein Trauma verdrängt hat, wird nicht in einer friedvollen Meditation (etwa einer Phantasiereise) aus heiterem Himmel diesen Schutz aufgeben und belastende Erinnerungen freigeben.

Nun muss man natürlich zunächst einmal darauf hinweisen, dass die allermeisten Menschen keine verdrängten Erinnerungsfragmente an traumatisierende

Ereignisse, etwa einen Missbrauch, in sich tragen. Insofern möchte ich einer allgemeinen Berührungsangst mit Meditation, aus Sorge vor derartigen Re-Erinnerungen, entgegentreten.

Wenn Sie Grund zur Annahme haben, dass da etwas wieder auftreten könne, ist dies ein guter Grund, zum Therapeuten zu gehen. Das heißt wiederum nicht, dass Sie es beim Therapeuten bearbeiten müssen – es kann durchaus in Ruhe gelassen werden. Doch beim Therapeuten können sie diese Entscheidung bewusst treffen, statt sich aus einem unbestimmten Angstgefühl heraus ihr Leben weiterhin zu begrenzen. Es gibt durchaus die Möglichkeit, auch bei traumatisierender Erfahrung, diese in einer Therapie oder einem Counseling als Thema auf unbewusster Ebene explizit auszuklammern, so es systemisch als stimmig erachtet wird.

10. Verwirrung und Orientierungslosigkeit

Hier ist zu unterscheiden: Eine *physische* Benommenheit kann aufgrund einer Kreislaufstörung eintreten. Aufgrund einer Entspannung und der damit einhergehenden Gefäßveränderung (siehe körperliche Aspekte der Entspannung) kann eine geringere Durchblutung des Kopfes eintreten. Diese sind kurzfristig und vergehen, wenn der Meditierende –möglicherweise durch ein Kissen unter den Beinen – nun umgekehrt Blut in den Kopf laufen lässt. Verstärkt kann dies auftreten durch einen ungewohnten Meditationssitz.

Eine Orientierungslosigkeit *nicht im physischen* Sinne, sondern in dem Sinne, die Orientierung an früheren Leitbildern und Werten zu verlieren, kann durchaus eintreten. Eine Neu-Orientierung folgt oft erst auf eine Verunsicherung.

11. Epilepsie

Es gibt eigentlich keinen Grund, warum Epileptiker keine Meditation betreiben können. Es ist möglich, dass durch Meditation ein epileptischer Anfall ausgelöst wird, es ist möglich, dass dies nicht der Fall ist. Es gibt viele Arten der Epilepsie, und was im Einzelfall einen Anfall auslöst, ist sowohl der Medizin wie dem Betroffenen oft nicht bekannt (sonst würde man es so gut wie möglich meiden). Sollte sich herausstellen, dass Meditation im Einzelfall die Zahl der Anfälle erhöht, muss der Betroffene natürlich damit aufhören, umgekehrt ist es genauso möglich, dass Meditation die Zahl der Anfälle verringert oder keinen Einfluss hat. Das sollte jeder Betroffene für sich selbst herausfinden und sich nicht von vorne herein abhalten lassen.

12. Schwangerschaft

In der Tat spricht im Grunde nichts gegen Meditation während einer Schwangerschaft – im Gegenteil. Die positiven Wirkungen dürften sich auch positiv auf den Schwangerschaftsverlauf auswirken.

Eine Autorin (Kirch) hat hingegen auf eine ernst zu nehmende Gefahr für Therapeuten und andere Meditationsanleiter hingewiesen. Falls es während der Schwangerschaft zu Komplikationen kommt, folgt oft eine emotionale Suche nach der Verursachung, und diese könnte bei der – ohnehin von vielen Menschen noch ominös attribuierten – Meditation gefunden werden (noch schlimmer: Hypnose). Der Therapeut könnte sich hier einer Klage ausgesetzt sehen.

Es muss noch einmal darauf hingewiesen werden, dass Forscher nahezu ausschließlich Sitzmeditation untersuchen, wie wohl auch die meisten Menschen bei Meditation zunächst an ruhige Sitzmeditation denken. Es gibt aber auch Meditationen mit Musik, mit Gesang, in der Bewegung, im Tanz, im Budosport, im Ritual…

Literatur:

Perez De Albeniz, Alberto & Holmes, Jeremy, 2000: Meditation: Concepts, Effects and Uses in Therapy. International Journal of Psychotherapy, Mar. 2000, Vol. 5, Issue 1, p. 49ff.

> Perez De Albeniz & Holmes fassen in ihrem Artikel mehrere Quellen zusammen.

> Wie das im Internet leider manchmal so ist, funktioniert die Seite, über die ich den Artikel erhalten habe, nicht mehr. Eine andere, kostenfreie Quelle finde ich aktuell nicht.

Kirch, Doris (2010): Geführte Meditationen: Fantasiereisen und Imaginationen: Ein Handbuch zum fachgerechten Planen, Schreiben und Anleiten. Paderborn: Junfermann.

Hypnose / Hypnotherapie

Über **Hypnose** gibt es viele Fehlvorstellungen. Dabei ist sie nicht viel anderes als eine Meditation, eine Fokussierung nach Innen.

Oft wird die Frage, was Hypnose sei, beantwortet mit der Erklärung, es sei eine besonders tiefe Form von Entspannung. Eine besonders tiefe Entspannung, das klingt nach Wellness und ist das, was viele auch suchen. Aber es ist keine gute Erklärung, da sie im Grunde falsch ist.

Hypnose ist auch kein Schlaf. Der Begriff wurde von Hypnos, dem griechischen Gott des Schlafes abgeleitet. Man schläft aber unter Hypnose nicht ein.

Vielmehr ist der hypnotische Zustand wie das Surfen auf einer Welle, und die Kunst besteht darin, mit der richtigen Fokussierung auf der Welle zu treiben. Oberhalb davon man mit seiner Ausrichtung noch zu sehr im gewohnten Wachzustand mit seiner Aufmerksamkeit auf den Alltag, unterhalb davon schläft man leicht ein, und die Hypnose wäre vorbei.

Vereinfachend gesagt ist Hypnose ein Effekt, bei dem es darum geht, die Aufmerksamkeit so zu verschieben, dass einige Dinge weniger in die Wahrnehmung treten (etwa die Wahrnehmung von Schmerzen), während andere Dinge stärker in die Wahrnehmung treten.

Ein schönes Bild hierfür, das meine Arbeit verdeutlicht, ist die Nacht. Der Tag geht, und wenn wir Gelegenheit geben, unserer Seele ruhig zuzuhören, zerfallen die Ereignisse des Tages in diejenigen, welche sich im Hintergrund verlieren, und diejenigen, welche in den Vordergrund treten und unsere Gedanken an sich binden. So wie die Dunkelheit der Nacht die Umgebung abblendet und auf einzelne Ereignisse das Mondlicht fällt.

Wenn Sie das „Clair de Lune" von Claude Debussy hören, verstehen Sie vielleicht besser, was ich meine.

Hierzu gehören etwa neue Sichtweisen, die zunächst für den Augenblick akzeptiert werden, um sie näher wahrzunehmen und mit ihnen vertraut zu werden. Werden sie weiterhin akzeptiert, können sie dauerhaft beibehalten werden.

Es können auch – und das ist eine große Ressource für therapeutische Arbeit – innere Anteile in symbolischer oder personalisierter Form in die Wahrnehmung treten und es kann eine Kommunikation stattfinden.

Fokussierung der Aufmerksamkeit

In einer Meditation und in einer Hypnose wird die Aufmerksamkeit von der Alltagswelt auf die Innere Welt verschoben. Man verändert den Fokus, ganz so wie bei einer Kamera. Dieses Vorgehen nennt man **Aufmerksamkeitsfokussierung.**

Man kann sich diese Veränderung so vorstellen, als ob man die Aufmerksamkeit wie mit einem Schieberegler weiter oder enger stellen kann. Auf der einen Seite ist die Aufmerksamkeit, die Wahrnehmung auf das „Außen" gerichtet, auf der anderen Seite auf das „Innen". Wenn man nun den Regler langsam von der einen Seite zur anderen schiebt, verschiebt man die Wahrnehmung mehr und mehr von „Außen" nach „Innen".

Wenn Sie beispielsweise in einer Urlaubsreise in eine neue Stadt kommen, dann stellen Sie Ihre Aufmerksamkeit weit, um vermehrt Eindrücke aufnehmen zu können, um auf Hinweisschilder und Namen zu achten, um sich den Weg zu merken, um einfach nur die neue Umgebung aufzunehmen und so weiter.

Wenn Sie andererseits vor dem Fernseher sitzen und gerade eine spannende Episode Ihrer Lieblingsserie sehen, kann es passieren, dass das Essen anbrennt, weil Sie nicht mehr daran gedacht haben, oder dass jemand aus dem anderen Raum nach Ihnen ruft, aber Sie haben es nicht gehört. Sie haben nämlich Ihre Aufmerksamkeit ganz auf das Geschehen im Fernseher eingeengt.

→ Übersicht „Schieberegler der Aufmerksamkeit I" auf der nächsten Seite.

Abbildung 1: Schieberegler der Aufmerksamkeit I: Aufmerksamkeit kann wie mit einem Schieberegler ausgerichtet werden

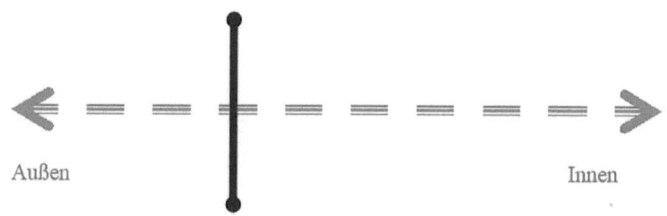

Außen   Innen

Tagesbewusstein
„Normaler Alltag"

Erhöhte Aufnahmebereitschaft
Weitstellung der Aufmerksamkeit
z.B. bei Wahrnehmen einer neuen Umgebung

Erhöhte Aufnahmebereitschaft
Enger-Stellung der Aufmerksamkeit
= Konzentration
z.B., um anspruchsvollere Aufgaben zu erfüllen

Leichte Entspannung
mit verminderter Aufmerksamkeit
z.B. in der Pause, im Cafe

Entspannung im Alltag

Aufmerksamkeit ist so auf einzelne
Reize konzentriert,
dass die Wahrnehmung der Au-
ßenwelt reduziert ist
z.b. Fernsehen, Musikhören

Tiefenentspannung
Aufmerksamkeit nach außen
stark zurückgenommen

Aufmerksamkeit nach innen
erhöht
= gelenkte, bewusste Auf-
merksamkeit
z.b. Entspannungsverfahren,
Meditation, Hypnose

Schlaf
Aufmerksamkeit nach
außen weitgehend aus-
geblendet
(bis auf „Notfall-Reize")

Aufmerksamkeit im In-
neren aktiv
(z.b. REM-Phase,
Traum-Aktivität)

Dies ist keine Darstellung von überschneidungsfreien Abstufungen, sondern dient der Veranschaulichung.

Der Kritische Filter des Menschen

Sehr wesentlich wurde der „Kritische Filter" bereits im Kapitel „Unbewusstes / Unterbewusstsein" (Stichwort: Wahrnehmungsfilter, Seite **Fehler! Textmarke nicht definiert.**) beschrieben. Bitte lesen Sie diesen kurzen Abschnitt zuerst. Er ist hilfreich für das Verständnis dieser Filterfunktion, soll aber hier nicht einfach wiederholt werden.

Der „Kritische Filter" hat darüber hinaus auch die Aufgabe, neu hereinkommende Informationen auf ihren Wahrheitsgehalt zu prüfen, um Gefahren abschätzen zu können. Das tut er, indem er die neuen Informationen mit früheren Informationen und Erfahrungen vergleicht.

Und hier liegt eine Quelle für Fehlentscheidungen. Sind bereits einige frühere Informationen und Erfahrungen vorhanden und weicht die neue Information davon ab, weist die Kritische Instanz darauf hin oder verwirft die neue Information womöglich gleich. Neue Informationen haben es daher schwer. Es ist nicht immer gleich möglich, sie extern, also in der Umwelt, zu überprüfen, daher muss der Mensch auf die intern vorhandenen Informationen zurückzugreifen, auf früher gemachte Erfahrungen oder auf früher Gelesenes/Gehörtes.

In einer Hypnosesitzung geht es nicht darum, den Kritischen Filter auszutricksen, und genauso wenig geht es darum, ihn einschlafen zu lassen. Es geht darum, ihn über eine vertrauensvolle Atmosphäre zur Kooperation zu bewegen, damit er ein wenig zur Seite tritt und neue Sichtweisen – vielleicht nur „probeweise" für den Augenblick – angenommen und erfahren werden können.

Lesen Sie doch einmal den nächsten Absatz, schließen dann Ihre Augen und stellen Sie sich die beschriebene Szene vor:

|| Stellen Sie sich vor, Sie sitzen im Kino. Die Vorstellung hat noch nicht begonnen. Sie sitzen bequem in den weichen Sesseln, leicht zurückgelehnt und warten auf den Beginn des Films. Das Licht ist schon ein wenig gedimmt, aber noch läuft Musik im Hintergrund. Sie haben eine Tüte Popcorn in der Hand und vielleicht schmecken Sie den Geschmack im Mund. ||

Schließen Sie jetzt die Augen und stellen Sie sich die Szene kurz vor, lesen Sie dann erst weiter.

Hat es geklappt? Gut. Das war Hypnose. Noch nicht viel davon, aber ein wenig. Sie haben sich etwas vorgestellt, und in Ihnen hat nichts dazwischen gerufen „Was für ein Blödsinn, ich bin doch gar nicht im Kino". Oder hat es das gerade?

Im Kino lassen Sie in aller Regel zu, dass Ihr Kritischer Teil umgangen wird. Wenn Ihnen der Film gefällt, er Sie mitreißt und Sie sich auf den Film einlassen wollen/können, dann erleben Sie es vielleicht, dass Sie völlig ausblenden, dass Sie einen Film sehen. Sie lachen mit, Sie weinen mit, Sie sind körperlich angespannt bei einem Action-Film, Sie sind emotional berührt bei einem Drama. Ihre Kritikfähigkeit ist zwar vorhanden, ist Ihnen aber in diesem Moment egal, weil Sie sich auf den Film einlassen wollen.

Wenn Ihnen der Film nicht gefällt, Sie nicht hineingezogen werden, dann hat Ihr Kritischer Teil die Oberhand und Ihnen fällt alles Mögliche auf, weshalb der Film schlecht ist. Er ist unrealistisch, er ist überzogen, er ist konstruiert, er drückt zu sehr auf die Tränendrüse, Sie finden genügend Anlässe, die Sie immer wieder aus dem Film herausreißen.

Doch wenn Sie es zulassen, weil der Film Sie anspricht, dann sind Sie dabei, sind emotional berührt, obwohl es da wie dort nur ein Film ist. Dann haben Sie für diese Zeit eine neue Sichtweise eingenommen.

Das ist Hypnose. Vielleicht meinen Sie, Sie seien dann nicht in Hypnose, doch das liegt nur daran, dass Sie bisher eine andere Vorstellung davon hatten, was Hypnose sei.

Ihr Kritischer Teil betrachtet diese neue Information jetzt kritisch.

Wird er sie passieren lassen?

Analog zu der Verschiebung der Aufmerksamkeit von Außen nach Innen verschiebt sich auch die Einstellung des Kritischen Filters von hoher Kritikbereitschaft zur Bereitschaft für neue Ideen und Sichtweisen.

Abbildung 2: Schieberegler der Aufmerksamkeit II: Aufmerksamkeit kann wie mit einem Schieberegler ausgerichtet werden

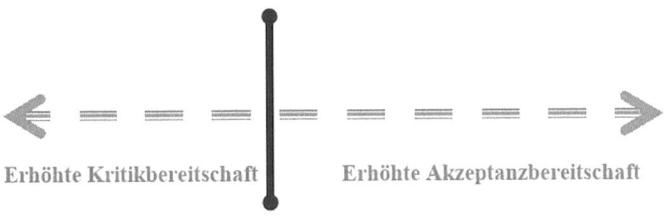

Erhöhte Kritikbereitschaft   Erhöhte Akzeptanzbereitschaft

Erhöhte Aufmerksamkeit auf die
Verarbeitung und Filterung eintreffender Informationen

= Konzentration
z.B. um anspruchsvollere Aufgaben zu erfüllen oder

um Gelesenes oder Gehörtes kritisch zu hinterfragen

Leichte Aufmerksamkeit
z.B. Unterhaltung mit Fremden

(kritisch, aber wohlwollend)

Aufmerksamkeit im Alltag

z.B. Fernsehen, Unterhal-
tung mit Freunden
(leicht kritisch, aber vorwiegend akzeptierend)

Kritikbereitschaft
stark zurückgenom-
men
z.B. beim Sehen eines
Unterhaltungsfilms

(Kein Hinterfragen, ob
das möglich ist, son-
dern Eintauchen in
das Geschehen)

Schlaf
Das Unterbewusst-
sein nimmt den
Vordergrund ein
(Traum-Aktivität)

Das Wesen der Hypnose

Eine der verbreitetsten Umschreibung für Hypnose ist:

„Hypnose ist eine Entspannung" oder „Hypnose ist eine *tiefe* Entspannung" oder „Hypnose ist eine *besonders* tiefe Entspannung".

Diese Umschreibungen – oft auch von Hypnotiseuren verbreitet – verfehlen aber den Punkt.

Um dies genauer zu erläutern, ist ein kleiner Umweg sinnvoll, der einen Blick darauf wirft, wie in Therapien im Allgemeinen Veränderungen herbeigeführt werden.

Es gibt Dutzende von Therapieverfahren und Mischformen.[17]

Grob gesehen gibt es Verfahren, die eine Änderung durch Gewöhnung an ein neues Verhalten herbeiführen, und es gibt Verfahren, die eine Änderung durch Aufdecken von Mustern und Zusammenhängen anstreben.

---

[17] Näheres hierzu in meinem Skript „Counseling, Beratung & Therapie".

Den aufdeckenden Therapien ist eines gemeinsam: Es werden Fragen gestellt. Manchmal explizit, manchmal immanent. Nicht immer sollen diese Fragen besonders trickreich sein, oft sind es ganz simple Fragen. Und doch sind die simplen oft die wichtigen Fragen. Warum bist Du hier? Warum tust Du das? Was suchst Du? Was fehlt Dir? Und diese Fragen, oder genauer das Suchen nach einer Antwort, bewirkt eine Veränderung.

Die Veränderung findet dabei nicht augenfällig in der Sitzung statt, sondern vielmehr in den Tagen und Wochen danach. Man sollte daher in der Sitzung keine Dramen erwarten, sondern Veränderungen im Alltag.

Die Veränderung liegt zum Beispiel in so etwas vermeintlich Simplen, dass ein Artikel in einem Magazin gelesen wird und dem Leser eine neue Idee gibt. Oder die Veränderung ist der Mensch, den man auf einer Party trifft, nachdem man einer Einladung gefolgt ist, und der einen auf neue Gedanken bringt.

An einem anderen Tag, früher, hätte man den Artikel verworfen, übersehen, hätte einfach weitergeblättert. An einem anderen Tag, früher, hätte man die Einladung verworfen, wäre man zu müde gewesen oder hätte sich nicht nach einer Party gefühlt. Doch heute sagt irgendetwas in einem „Hey, sieh' mal. Der Artikel scheint interessant zu sein", und dann liest man ihn. Und etwas sagt „Ach, was soll's, ich geh' hin", und dann geht man hin.

Diese veränderte innere Bereitschaft, die zu dieser Veränderung führen, das ist das Wesen der therapeutischen Arbeit mit Hypnose.

Ich vermute, das ist eine überraschende Behauptung, nachdem viele Leser Hypnose als erweitertes Entspannungsverfahren abgespeichert haben. Doch das verfehlt völlig den Kern.

Hypnose bedeutet, dass der innere Filter eine neue Idee nicht verwirft, sondern zulässt, dass sie uns erreicht, dass sie in unser Bewusstsein gelangt.

Eine bekannte, aber nicht oft verwendete Definition von Hypnose beschreibt genau das. Diese Definition ist unüblich, denn sie ist relativ sperrig, doch ich werde sie hier besser verständlich machen. Sie stammt von Dave Elman.

> *"Hypnosis is a state of mind in which*
> *the critical faculty of the human is bypassed,*
> *and selective thinking established."* [18]

> *„Hypnose ist ein Zustand, in dem*
> *der Kritische Teil des Menschen umgangen*
> *und eine ausgewählte Sichtweise etabliert wird."* [19]

Genau darum geht es. Dies ist eine der besten Erklärungen für Hypnose, wenn auch zunächst etwas umständlich zu verstehen.

Es geht darum, dass eine neue Idee auf uns trifft, und unser Kritischer Filter sie nun nicht aussortiert, sondern durchlässt. Dies ist der erste Teil der Definition. [20]

---

[18] Dave Elman, Hypnotherapy, S. 26.

[19] Wörtlich: „Hypnose ist ein Zustand des Geistes, in dem die Kritische Instanz des Menschen umgangen und selektives Denken etabliert wird."

[20] Was Elman als den „Kritischen Teil" bezeichnet, bezeichne ich hier aufgrund seiner filternden Funktion als „Kritischer Filter", was seine Funktion besser herausstellt.

Den Kritischen Filter umgehen heißt nicht unbedingt, ihn auszutricksen, obwohl es solche Möglichkeiten gibt. Dieser Effekt, in dem der Kritische Filter umgangen wird, und man den Menschen in seinem Inneren direkter anspricht, wird im Alltag vielfach genutzt. Dies geschieht oft auch eigennützig, beispielsweise in der Werbung, den Nachrichten oder den Medien.

Auch jetzt gerade in diesem Moment: Ich gebe Ihnen eine Information, und Sie könnten sie verwerfen. Sie könnten denken „Das habe ich aber mal anders gehört, was weiß der schon", und die Information verwerfen. Oder Sie können denken „Es scheint, als weiß er das eine oder andere, daher lasse ich die Information mal auf mich wirken".

Es gibt viele kleine Details, an denen ihr Filter diese Entscheidung festmacht. Typische Details sind im therapeutischen Umfeld zum Beispiel der weiße Arztkittel, der schon lange nicht mehr getragen wird, um sich die Kleidung nicht schmutzig zu machen, sondern um Fachwissen auszustrahlen. Ein Kittel, der Fachwissen ausstrahlt! Heute wird er häufig ersetzt durch weiße Polo-Shirts. Hier übernimmt bereits die Farbe die Signalwirkung. Das gibt es auch in anderen Bereichen. Etwa in der Finanz- und Versicherungsbranche, in der die Kundenberater in Anzügen herumlaufen, als wenn sie dann mehr von Geldanlagen verstünden. Doch unser Kritischer Filter scheint das in der Mehrzahl so zu fordern. Ein weiteres Element sind Titel. Vieles scheint gleich glaubwürdiger, wenn es von einem Doktor gesagt wird, besser gleich einem Professor. Titel helfen, den Kritischen Filter zu passieren.

Doch die meisten derartigen Details sind gar nicht so augenfällig, und uns gar nicht so bewusst. Farben, Formen, Gestaltungselemente... alles darauf ausgelegt, den Kritischen Filter zu beeindrucken, damit er eine neue Information durchlässt.

Akzeptabel muss diese Information für uns ebenfalls sein. Sonst wird sie ebenso verworfen. Doch wenn sie als akzeptabel bewertet wird, so kann es passieren, dass man mit der neuen Information ein wenig herumspielt, sie auf sich wirken lässt, versuchsweise mal eine andere Sicht ausprobiert, eine neue Vorstellung gewinnt.

Sicht und *Vorstellung* sind Metaphern aus dem visuellen Bereich, genauso wie der Begriff *Idee*. Er stammt von dem griechischen *idea*, was Bild heißt. Wenn wir eine Idee haben, machen wir uns ein Bild von etwas, sehen es mit neuen Augen, gewinnen eine neue Sichtweise, eine neue Bewertung. Das ist der zweite Teil der Definition.

Entspannung *begünstigt* das Auftreten solcher hypnotischer Effekte. Ab einer gewissen Entspannung, ist es nur natürlich, dass hypnotische Effekte auftreten, wenn diese aufgerufen werden. Wird nur ein Entspannungszustand hervorgerufen, liegt noch keine Hypnose vor. Es bedarf eines Übergangs vom Entspannungszustand zur Nutzung des hypnotischen Effekts.

Hypnose *ist* daher nicht die Entspannung.

Entspannung *hilft* lediglich, den Effekt von Hypnose zu erreichen oder zu intensivieren und daher noch besser zu nutzen.

Definition von Hypnose

Daher biete ich folgende **Definition** von Hypnose an, basierend auf der Definition von Elman: [21]

---

[21] Dieses Angebot einer Definition basiert also stark auf der Definition von Elman, und diese ist nun schon vierzig Jahre alt. Ich halte sie immer noch für die Definition, die den Kern von Hypnose am besten beschreibt. Natürlich gab und gibt es eine Reihe weiterer Definitionen (Definitionsversuche), die einzubeziehen versuchen, inwieweit

Hypnose ist das Nutzen eines Effekts, bei dem durch Fokussierung der Aufmerksamkeit der Kritische Filter des Menschen umgangen, und eine neue ausgewählte Sichtweise etabliert wird.

Hypnose ein anderer Bewusstseinszustand ist, wie sich Hypnose hirn-physiologisch erkennen ließe, oder die stärker auf die Interaktion zwischen Hypnotherapeut und Klient abstellen, was wiederum die Definition kontextbezogen (im Kontext von Hypnotherapie) macht und damit eben keine allgemeine Definition von Hypnose sein kann. Eine nähere Auseinandersetzung mit diesen Ansätzen wäre für den Rahmen und die Zielgruppe dieses Skriptes zu ausführlich.

Arten von therapeutischer Arbeit mit Hypnose

Es gibt **verschiedene Arten, mit Hypnose beratend oder therapeutisch zu arbeiten**. Auch wenn sich eine Vielzahl von Variationen gebildet hat, kann man einige Merkmale skizzieren.

Suggestionen und Affirmationen

Suggestionen sind das, womit alle Hypnotherapeuten arbeiten. Es sind Vorschläge (lat. suggestio = Hinzugefügtes, vgl. das englische Wort „Suggestion" = Vorschlag), die der Klient annehmen und umsetzen kann oder eben auch nicht. Dies ist ja eines der Missverständnisse gegenüber der Hypnose, dass dem Klienten einfach etwas eingeredet werden könne. Nach den hier dargelegten Grundlagen sollte klar sein, dass dies nicht so ist. Andererseits liegt in diesem Punkt ein wesentlicher Kern der therapeutischen Arbeit, der Bereitschaft des Klienten zur Mitarbeit, die wesentlich über das Vertrauen geschieht, das der Klient dem Therapeuten entgegenbringt.

Affirmationen sind eine besondere Form der Suggestion, formelhafte Formulierungen („Ihr Arm wird angenehm warm") [22]. Zunächst dienen diese zur Einleitung der Hypnose, später dann zur Verhaltens- oder Empfindungsveränderung.

---

[22] Logisch-linguistisch ist eine Affirmation die positive Zuordnung einer Eigenschaft. „Positiv" meint dabei nicht „gut", sondern „vorhanden", im Gegensatz zu negativ/nicht vorhanden. Bsp.: „Das Leben ist schwer" ist eine negative bewertende Aussage, aber eine positive Affirmation, da sie dem Begriff „Leben" positiv eine Eigenschaft zuweist.

Solche Affirmationen sind also ein Ansatz, dem Klienten (bzw. sich selbst), etwas „einzureden", was aktuell noch nicht spürbar vorhanden ist, sondern ein erwünschter und angestrebter Zustand, daher sind diese Affirmationen auch Unterformen von Suggestionen. Ein bekanntes Verfahren für die affirmative Selbsthypnose ist das Autogene Training [23].

Man kann die **direkten Suggestionen** und die **permissiven Suggestionen** unterscheiden.

Direkte Suggestionen: „Schließen Sie Ihre Augen, zählen sie langsam in Gedanken und mit jeder Zahl entspannen Sie sich mehr".

Indirekte oder permissive Suggestionen: „Möglicherweise nehmen Sie in ihren Augen eine Anstrengung wahr und verspüren den Wunsch, sie zu schließen", „viele Menschen empfinden es als hilfreich, in Gedanken langsam zu zählen und dabei mit jeder Zahl mehr zu entspannen". Man nennt diese Vorgehensweise permissiv (= erlaubend, im Vergleich zu den anleitenderen klassischen Suggestionen).

Diese Beispiele dienen der Veranschaulichung des grundsätzlichen Unterschiedes. Permissive Suggestionen können aber auch viel subtiler erfolgen.

Es ist dabei unerheblich, ob der Therapeut den Klienten anspricht („Ihr Atem wird ruhiger") oder der Klient sich selbst hypnotisiert („Mein Atem wird ruhiger"), es gibt im Grunde keinen Unterschied zwischen **Fremd- und Selbsthypnose**. Wenn der Klient durch die Anleitungen des Therapeuten die Selbstanleitung gelernt

---

[23] S. Kapitel über Entspannung.

hat, kann er sich auch selbst in diesen Zustand bringen. Manche Autoren lehnen daher eine Unterscheidung ab und sagen, jede Hypnose sei letztlich Selbsthypnose. Wenn man darauf abstellt, dass der Therapeut nur eine Einladung ausspricht, der Klient aber entscheidet, der Einladung zu folgen, dann stimmt diese Sichtweise. Allerdings weiß der Klient zunächst nicht, wie er sich selbst bewusst und gezielt in diesen Zustand versetzen kann, so dass es auch zutreffend ist, hier zunächst von einer Fremdhypnose, geleitet durch den Therapeuten, zu sprechen.

In der Regel wird unterschieden zwischen der **Klassischen Hypnose** *vor* Milton Erickson und der **Modernen Hypnose** *nach* Erickson. Die Klassische Hypnose ist die Form von Hypnose, die sich wahrscheinlich die meisten Menschen unter Hypnose vorstellen. Es gibt zwei Merkmale: Hat die klassische Hypnose *direktiv* und mit *Affirmationen* gearbeitet, ist die moderne Hypnose weitgehend *permissiv* und *ressourcenorientiert*.

Dies lässt sich leichter verstehen, nachdem auch die Ericksonsche Form vorgestellt ist.

Ericksonsche Hypnotherapie

Moderne Hypnose nach Milton Erickson

Milton H. Erickson (1901-1980) war die wichtigste Person in der Hypnoseentwicklung, er steht für einen Wandel in der Anwendung der Hypnose. [24]

---

[24] Erickson litt ab seinem siebzehnten Lebensjahr sehr schwer an Poliomyelitis (oft Kinderlähmung genannt, aber eine Virenerkrankung, die auch Erwachsene betrifft), seine Überlebenschance wurde als gering angesehen. Er konnte Beine und Arme nicht bewegen, kaum

Zunächst einmal war er es, der den genannten Wandel von der direktiven Hypnose der bisherigen Art zur indirekten, permissiven Art vollzog. Doch ist damit sein Beitrag noch lange nicht erschöpft.

Typisch für Ericksons Art war die *evozierende* Vorgehensweise. Erickson war stets davon überzeugt, dass ein Therapeut auf die natürlichen Fähigkeiten seines Klienten vertrauen dürfe und solle. Dazu gehören auch die Fähigkeiten, in Trance zu gehen und verschiedene Erfahrungen erneut zu erleben. Erickson hat (stimmigerweise) vorausgesetzt, dass bestimmte Erfahrungen bereits beim Klienten vorhanden sind und er hat den Klienten dazu gebracht, sich an diese zu erinnern und diese erneut hervorzurufen (evozieren). Erickson war stets und konsequent **ressourcenorientiert**.

Erickson war außergewöhnlich gut darin, Anekdoten und Metaphern einzusetzen. Er konnte sehr gut be-

---

sprechen, selbst atmen fiel ihm schwer. Er verbrachte mehrere Jahre auf der Farm seines Vaters entweder im Bett oder in einem Stuhl am Fenster. Dies hat seine Beobachtungsgabe sehr geschult und insbesondere auch sein Verständnis für nicht-verbale Kommunikation geprägt.

Er überwand große Teile der Folgen der Kinderlähmung durch eigene hypnotische Arbeit. Zum Beispiel besann er sich auf die Erinnerung und das erinnerte Körpergefühl von Bewegungen (body memories) und nutzte dies, um durch mentale Vorstellung von Bewegung seine Bewegungsfähigkeit zu großen Teilen wieder herzustellen. Hieraus erwuchs ein Vertrauen in die Fähigkeiten des Unbewussten und die Technik der Hypnose, die ihn wohl auch ermutigte, bei seinen Patienten später stets von ihren Fähigkeiten zur Lösungsfindung und Heilung auszugehen.

obachten und erfassen, worin das Muster eines Problems bestand und erzählte den Klienten Geschichten, die hierzu ein passendes Muster der Lösung anboten.

Ein wesentliches Element der Ericksonschen Hypnose ist sein besonderer Sprachstil, der als **Milton-Modell** der Sprache herausgearbeitet und weitergelehrt wurde (im Wesentlichen durch Bandler und Grinder und ihrem **NLP**). Kennzeichnend hierfür ist seine Art, vage zu bleiben und dadurch dem Klienten die Möglichkeit zu belassen, nach *seinen* Assoziationen oder nach *seinen* Erfahrungen einen Begriff zu füllen.

Er bietet dem Klienten eine vage Idee an, die dieser selbst für sich mit Inhalt füllen kann, etwa indem er anbietet: „Mit jedem Atemzug können Sie mehr wahrnehmen". Ja, was eigentlich? Das wird vollkommen dem Klienten überlassen. Doch diese Auslassung (eine so genannte Tilgung) ist nur ein winziges Beispiel für einen umfangreichen Katalog an sprachlichen Besonderheiten.

Mit seiner Art, Gespräche zu führen, Anekdoten zu erzählen, Metaphern zu nutzen, oftmals paradoxe Äußerungen einzustreuen, konnte er bei Klienten eine Verschiebung der Aufmerksamkeit und der Wahrnehmung bewirken – oftmals ohne explizite Tranceeinleitung. Indirekte Suggestionen wurden eher beiläufig eingestreut. Er hat mit Trancezuständen und ohne Trancezustände gearbeitet, mit „echter Hypnose" und mit **Kommunikativer Hypnose** [25].

---

[25] Kommunikative Hypnose bezeichnet eine Verwendung der Muster des genannten Milton-Modells der Sprache ohne explizite Tranceeinleitung. Sie wird in der Regel gar nicht als Hypnose wahrgenommen

Milton Erickson hat mit vielen verschiedenen Stilen und Methoden gearbeitet. So hat er auch viele Fragetechniken entwickelt, die sich heute die Systemiker auf die Fahnen schreiben. Er hat auch als einer der ersten mit Familiensystemen gearbeitet.

So wird z.B. von Gunther Schmidt ein „Integrativer Ansatz" vertreten, der die Hypnotherapie mit der Systemischen Therapie in der Nachfolge von Helm Stierlin verbindet. Schmidt war sein Mitarbeiter und ist heute Leiter des Milton Erickson Institutes Heidelberg. Wobei Schmidt deutlich darauf hinweist, dass der größte Teil der systemischen Interventionstechniken ohnehin der Hypnotherapie Ericksons entstammt, der auch die Konzepte zur Selbstorganisation in Familiensystemen einbezog, so dass sich die Frage nach einer „Integration" gar nicht so dringlich stellt. [26]

Wenn heute ein Therapeut von sich sagt, er arbeite mit Hypnotherapie „nach Erickson", ist damit im Grunde immer noch nicht völlig klar, wie er nun arbeitet. *Wahrscheinlich* arbeitet er mit dem „Milton"-Modell der Sprache. Oder *vielleicht* arbeitet er systemorientiert. Überspitzt formuliert: Genau genommen sagt er

---

oder eingeordnet, zielt aber mit Verwendung derartiger Sprachmuster auf den gleichen Effekt, den Kritischen Faktor zu umgehen und eine neue Vorstellung zu etablieren. Dies geschieht außerhalb von Therapie zum Beispiel auch in Werbemaßnahmen, die häufig nicht Produktvorzüge preisen, sondern auf unbewusste Prozesse wie Selbstwertgefühl oder Imagetransfer setzen.

[26] Gunther Schmidt: Die Integration von hypnotherapeutischen Ansätzen in systemische Konzepte.

damit nur aus, dass er *irgendwas* machen wird, was Erickson in irgendeiner Form auch gemacht hat. Der Wunsch, den großen Namen zu nutzen, scheint oft im Vordergrund zu stehen.

Ericksons Genie speist sich aber nicht nur aus seinem Facettenreichtum, sondern größtenteils aus seiner Fähigkeit, sich seinerseits auf sein Unbewusstes zu verlassen, um die Situation einzuschätzen und Lösungen zu entwickeln. Das ist nicht so ohne weiteres nachzuahmen wie seine Sprachmuster.

Vergleich von direktiver und permissiver Hypnose

Oftmals wird die Klassische Hypnose kritisiert, sie sei zu direktiv und autoritär. Klienten würden es nicht mögen, wenn man ihnen sagt, was sie tun sollen, dies erscheine ihnen zu manipulativ. Sie schätzten es hingegen, wenn sie Wahlmöglichkeiten aufgezeigt bekommen und zumindest vermeintlich eine Entscheidungsfreiheit behalten. Aus diesem Grund wurde die permissive Form, hauptsächlich durch Erickson, entwickelt. Doch dabei wird übersehen, dass Erickson zwar neue Formen hinzu entwickelt hat, aber auch alte Formen angewendet hat, so wie es zu Klient und Situation passte. Viele Therapeuten, die sich in seiner Nachfolge sehen, sind hingegen zu dogmatisch und übersteigern die permissive Form.

Gegen die Kritik an der direktiven Form sprechen einige Gründe:

a) Ein Klient wird nicht abgeschreckt durch eine direktive Vorgehensweise eines Therapeuten, er erwartet sie oftmals sogar. Das hat absolut nichts mit autoritärem Stil zu tun. Mit diesem Attribut soll diese Vorgehensweise nur abgewertet werden.

Der Klient sagt „Ich weiß nicht, wie ich in einen hypnotischen Zustand gehen kann. Bitte zeigen Sie es mir". Und der Therapeut zeigt ihm den Weg.

Vergleichbar ist dies mit einem Navigationsgerät, welches ebenfalls den Weg zeigt. Es sagt: „Bei der nächsten Kreuzung biegen Sie rechts ab". Es sagt nicht: „Bei der nächsten Kreuzung ergibt sich die Möglichkeit, abzubiegen, und sie können rechts abbiegen, oder links, und wie Sie sich auch entscheiden, ist es gut".

In der Therapie ist es tatsächlich manchmal zielführend, jede Reaktion eines Klienten, wie er sich entscheidet, zu bestätigen und für den Prozess zu nutzen (utilisieren). Aber es gibt an dieser Stelle keinen Grund, eine direktivere Form abzulehnen. „Direktiv" bedeutet nicht Befehlsform, es bedeutet „leitend".

„Schließen Sie die Augen und konzentrieren Sie sich einmal auf ihren Atem". Das ist freundlich, einladend, nicht autoritär, und dennoch direktiv.

b) Oft basieren die permissiven Vorgehensweisen gerade auf einem „Trick", sie halten nur vermeintlich dem Klienten die Entscheidung offen. „Und sie können sich entscheiden, ob sie jetzt oder erst gleich in einen hypnotischen Zustand gehen". Dies ist eine „Präsupposition", der Therapeut geht davon aus, *dass* der Klient in einen hypnotischen Zustand gehen wird, er gibt ihm die vermeintliche Wahl, dies jetzt oder wenige Minuten später zu tun. Dies mag auf den Klienten zunächst angenehmer wirken, da der Eindruck vermittelt wird, er selbst träfe Entscheidungen. Das ist aber auch bei der direktiven Form der Fall, der Klient entscheidet immer selbst, ob er den Vorschlägen folgt oder nicht.

c) An mehreren Stellen in einer Therapiesitzungen macht es schlicht keinen Sinn, permissiv vorzugehen. Daher machen auch Ericksonianer hier einen Bruch und gehen direktiv vor. Beispielsweise möchte der Therapeut mit einer Projektionstechnik auf eine imaginative Kinoleinwand arbeiten: Er leitet den Klienten also mit permissiven Suggestionen in einen hypnotischen Zustand und sagt dann „Stellen Sie sich jetzt bitte einmal vor, Sie säßen in einem Kino". Eine direkte Anweisung. Und richtig, es macht keinen Sinn, wenn er sagen würde: „Und jetzt könnten Sie sich mal einen schönen Ort vorstellen, beispielsweise ein Kino, oder auch etwas anderes, was Sie möchten, etwa ein Cafe, wobei das nicht so viel Sinn macht, da es dort keine Leinwand gibt, die wir gleich brauchen".

Nochmals zur Klarstellung: Ich möchte keine Partei ergreifen für die direktive oder die permissive Hypnose, im Gegenteil ich schätze und nutze beide. Aber eben dies: *beide*. Ich zeige hier lediglich Argumente auf, die ich für oder gegen die eine oder andere Form gelesen habe und ich stelle in Frage, ob sie tatsächlich stichhaltig sind. Es ist durchaus wünschenswert, wenn eine Methodenvielfalt entsteht und genutzt wird. Es ist weniger wünschenswert, wenn die eigene Methode dadurch hervorgehoben wird, indem vermeintliche Nachteile einer anderen aufgezeigt werden. Meiner Meinung nach dient vieles mehr der eigenen Positionierung auf dem Markt. Ich möchte Sie auffordern, selbst nachzudenken. Wann immer Ihnen irgendjemand irgendetwas erzählt, denken Sie selber nach.

Und wenn er es Ihnen begründet, geben Sie sich damit nicht zufrieden, sondern denken Sie auch über die Begründung selber nach.

Imagination

Bei der Imagination werden Vorstellungen, innere Bilder, Symbole, Phantasiereisen und vorgestellte Situationen genutzt. Imaginieren heißt, sich etwas im Geiste bildhaft vorzustellen (lat. imago = Bild, engl. image). Erinnern Sie sich an den Song von John Lennon „Imagine" – „Stell' Dir vor".

Hierbei können vorgegebene Bilder zu Veränderungsprozessen verwendet werden. Beispielsweise können die Klienten von Anfang bis Ende durch eine Situation oder Geschichte geführt werden (Phantasiereisen). Es können aber auch Bilder und Geschichten genutzt werden, um den Klienten in eine Ausgangssituation zu führen und dann zu sehen, welche Bilder in dem Klienten als Antwort oder Reaktion, als Fortführung der Geschichte auftauchen. Dieses dient dann als eine Möglichkeit, mit den unbewussten Anteilen in eine Kommunikation zu treten.

Zur Imaginativen Hypnose und speziell zum Missverständnis, die Vorstellung müsse recht bildhaft, also anschaulich sein, stehen noch weitere Anmerkungen im Abschnitt über Hypnose- und Meditations-CDs.

Hypnoanalyse

Die Analytische Hypnose ist eine Verbindung zwischen der Analytischen Psychotherapie (siehe dort in „Counseling, Beratung & Therapie") und Hypnose.

Sie sucht die Ursachen einer Störung in den frühen Jahren der Kindheit und arbeitet daher mit Regression (Rückführung in frühere Erfahrungen).

Sigmund Freud hatte seinerzeit Hypnose als das Modeverfahren seiner Zeit erlernt, mit der Entwicklung seiner eigenen Methode diese aber abgelehnt. Doch sollte man sich hierbei veranschaulichen, wie seine Methode in der klassischen Anwendung aussieht: Der Patient/Klient liegt auf einer Couch und entspannt sich. Der Therapeut befindet sich hinter dem Klienten und somit nicht in dessen Blickfeld. Vielmehr wird der Klient hierdurch eingeladen, sich mehr auf sich selbst zu konzentrieren. Schließlich wird er durch Nachfragen gehalten, seine Gedanken ohne Eigenkritik und eigenes Filtern zu äußern. Schlicht gesagt: Auch das ist Hypnose.

Systemische Hypnose

Auch: Systemorientierte Hypnose / Autosystemhypnose / Selbstorganisatorische Hypnose / Lösungsorientierte Hypnose / Hypnosystemisches Integrationsmodell

Übereinstimmend mit den Grundannahmen der Humanistischen Psychologie vertrat Erickson die Auffassung, dass in den unbewussten Anteilen der Psyche neben der Ursache auch die Lösung für die Probleme liegt. Durch Einbeziehung dieser unbewussten Anteile könne und müsse man daher die Aktivierung der Selbstheilung im Sinne einer Eigenverantwortlichkeit und einer Selbstorganisation des Klienten fördern.

Die besondere Arbeitsweise bei dieser Form der Hypnose besteht darin, den unbewussten Teil selbst zur Lösungsfindung einzusetzen, ihn zur Findung und Umsetzung der Lösung anzuregen. Zuweilen geschieht dies dann nur unbewusst, doch wenn es das Unbewusste nach Abfrage gestattet, kann die Idee des Lösungsweges auch in Bildern (= Idee) in das Bewusstsein des Klienten übergehen.

Dadurch, dass nicht der Therapeut die Lösung vorgibt – und er damit auch aus der Pflicht entlassen ist, eine solche zu kennen –, sondern den Klienten anleitet, mit Hilfe seines eigenen Ressourcenraumes im Unbewussten seine eigene Lösung zu entwickeln, ist dies die fortgeschrittenste Form der Arbeit mit Hypnose.

Systemische Hypnose betont also die Einbeziehung des Klienten auch bei der hypnotischen Arbeit im Vergleich zur klassischen Hypnoseform und beruft sich dabei auf die Selbstorganisation wie sie in der Systemtheorie beschrieben wird.

> (Kurze Erläuterung in *Counseling, Beratung und Therapie* – Abschnitt über Systemische Therapie).

Durch dieses Vorgehen werden unbewusste Widerstände gegen Zielvorhaben, die der Klient mit seinem Bewusstsein beschlossen hat, ausgeschlossen.

Das Unbewusste ist in der Lage, eine Lösung zu entwickeln als auch diese Lösung umzusetzen, auch wenn zuvor möglicherweise jahrelang keine Lösung entwickelt und umgesetzt wurde. In der seinerzeit akuten Situation, zuweilen bereits in der Kindheit, musste eine zunächst stabilisierende Lösung etabliert werden, und das Unbewusste hat diese Lösung nicht aktualisiert, das heißt, es ging völlig unter, dass Jahre später veränderte äußere Bedingungen bestehen und auch die Handlungsmöglichkeiten sich erheblich verändert haben.

Oft liegt es an dem oben besprochenen Kritischen Teil des Menschen. Dieser verhindert Veränderungen oft, um ein existierendes Gleichgewicht stabil zu halten (Systemtheorie). „Das geht nicht, das kann ich nicht, das bringt nichts, dann würde ich aber jenes dafür verlieren".

Es ist gerade die Eigenart von Hypnose, den Kritischen Teil des Menschen zu umgehen, um einen direkteren Zugang zum Ressourcenraum des Menschen zu etablieren.

Das Unbewusste entwickelt eine eigene systemintegrative Lösung, was zwei Merkmale mit sich bringt:

1. Im Unbewussten arbeiten keine Widerstände gegen die Umsetzung.

2. Bewusstsein und Unbewusstes arbeiten mithin gemeinsam an der Umsetzung des Zieles.

Die Grundannahmen und ihre Anwendung sind weitgehend ähnlich, werden aber von verschiedenen Anbietern verwendet und unterschiedlich umgesetzt. Das gilt ebenso für die Bezeichnungen für diesen Ansatz. [27]

---

[27] Im deutschen Sprachraum hat Gunther Schmidt in weiten Teilen diesen Ansatz, nachdem er ihn bei Milton Erickson erlernt hat, eingeführt. Er verwendet hierfür den Begriff des *Hypnosystemischen* Integrationsmodells.

Ideodynamik

Ideodynamische oder Ideomotorische Bewegungen (Idea = griech. Bild; Dynamik = Kraft; Motorik = Bewegung) sind kleine Bewegungen der Hände oder Finger, die das Unbewusste / Unterbewusstsein steuert.

Sprachliche Leistungen wie selbst bei einem einfach gehaltenen Gespräch erfordern eine verhältnismäßig hohe kognitive Leistung. Die Person muss die passenden Worte und Bezeichnungen aus dem Gedächtnis heraussuchen, sie darauf abgleichen, ob sie das beschreiben, was die Person ausdrücken möchte, dann werden diese Begriffe in Antworten eingekleidet, die zumindest einfachen grammatischen Strukturen folgen. Das ganze wird noch gefiltert durch sprachliche Eigenarten der jeweiligen Person. Des Weiteren erfordert das Bewegen von Zungenmuskel und Kiefermuskulatur beim Sprechen eine nicht unerhebliche Aufrechterhaltung von Anspannung.

In der ideomotorischen Arbeit hingegen antwortet der Klient mit kleinen Bewegungen. Ein Kopfnicken oder-

---

Götz Renartz verwendet verschiedene Begriffe für die von ihm aus der Arbeit von LeCron, Cheek und Rossi weiterentwickelte Methode. Bis 2010 stand der Begriff *Selbstorganisatorische* Hypnose im Zentrum, seit 2010 *Autosystemhypnose*. Damit einher ging auch die Umbenennung der *Dt. Gesellschaft für Selbstorganisatorische Hypnose und Hypnotherapie e.V.* in *Dt. Gesellschaft für Autosystemhypnose e.V.* Er benennt zudem die Ausbildungsreihe für Nicht-Ärzte zur Abgrenzung mit dem Begriff *Lösungsorientierte* Hypnose.

Diese hat wiederum nichts mit den Arbeiten von Bill O'Hanlon zu tun. O'Hanlon prägte für den englischen Sprachraum die *Lösungsorientierte* Hypnose (*Solution Oriented Hypnosis*), in der er seinerseits die Methoden von Erickson weiterentwickelt hat.

schütteln ist ein bekanntes Beispiel für ein typisches, unwillkürliches ideomotorisches Signal der Bestätigung oder Verneinung. Oft wird eher mit kleinen Fingersignalen oder Handbewegungen gearbeitet. Die Fragen des Therapeuten werden hierzu so gestellt, dass darauf mit „Ja" oder „Nein", mit Zustimmung oder Verneinung reagiert werden kann, zusätzlich mit einem Signal für „Das kann oder möchte ich nicht beantworten".

Ideomotorische Arbeit wurde durch Leslie LeCron (1892-1972) und David Cheek (1912-1996) in die Hypnotherapie eingeführt, später von Ernest Rossi [28] weiter etabliert. Sie ist Bestandteil der Systemorientierten Hypnose.

Mit ihrer Hilfe können auf systemintegrative Weise unbewusste Funktionen einer Handlungsweise oder eines Symptoms abgeklärt werden.

> Die Welt ist polar und der Mensch muss sich in dieser Welt bewegen. Dazu stehen ihm im Grunde nur zwei tendenzielle Reaktionen zur Verfügung.

> „Ja – Nein"

> „Da stimme ich zu – das lehne ich ab"

> „Das mag ich – das mag ich nicht"

> „Das will ich – das will ich nicht"

> „Das gefällt mir – das gefällt mir nicht"

---

[28] Ernest L. Rossi: 1933 geboren, und engster Mitarbeiter von Milton Erickson, Mitautor oder Herausgeber vieler Erickson-Schriften.

„Das finde ich ganz o.k. – Nein, nicht so mein Ding"

„Ich liebe es – Ich hasse es"

„Davon möchte ich mehr – davon möchte ich weniger/nichts"

„Darauf gehe ich zu – davor ziehe ich mich zurück"

„Komm' näher – Geh' weg"

Diese Reaktion des Menschen ist dabei aber nicht dichotomisch (= es gäbe nur zwei Zustände), das wäre dann entweder ein volles „Ja", oder ein volles „Nein", und dann gäbe es keine Zwischenstufen.

Vielmehr gibt es zu jeder dieser Tendenzen eine Fülle von Ausprägungen, Abstufungen oder Intensitäten, eine große Bandbreite, aber eben nur diese zwei grundsätzlichen Tendenzen: Ja oder Nein.

Es gibt auch durchaus die Reaktion, sich nicht für eine Seite entscheiden zu können. Jedoch ist eine Ambivalenz keine dritte Reaktion, sondern eben eine Gleichzeitigkeit der beiden Reaktionen Ja/Nein.

Diese grundsätzliche Reaktion führt zu kleinsten Muskelkontraktionen. Diese Muskelbewegungen sind allerdings so subtil, dass sie weder einem Beobachter, noch dem jeweiligen Menschen selbst auffallen. Sie können gemessen werden. Und sie können verstärkt und sichtbar gemacht werden.

In einer Hypnose kann die willkürliche (also die gewollte) Kontrolle über die Bewegungen eines Armes oder der Finger zurückgenommen werden und den Raum frei geben für unwillkürliche, ideomotorische Bewegungen. So kann der Hypnotisand mit Ja und Nein antworten, ohne auf die Sprache zurückgreifen zu müssen, die über Denkprozesse gesteuert wird. Und mehr noch, er antwortet unmittelbarer, aus einer tieferen Ebene, nicht gefiltert von Denkstrukturen. Bei bewussten Antworten gibt es ein Reihe von Einflussfaktoren wie soziale Erwünschtheit einer bestimmten Antworttendenz, Hoffnungen oder Ängste des Klienten, eine bestimmte Antwort zu erhalten, Schamgefühl. In der Ideomotorik sind diese Einflüsse reduziert. Nicht völlig ausgeschaltet, da das Unterbewusstsein weiterhin auch diese Art von Antworten steuert. Aber eben nur noch das Unterbewusstsein und nicht mehr das Bewusstsein, das bewusste Denken und gelenkte Reagieren.

Mit einer Reihe von Fragen aus einem komplexen systemischen Therapiemodell wird auf diese Weise das Unterbewusstsein befragt.

Da auch hier das Unterbewusstsein die Antwort noch immer kontrolliert, kann es auch hier zu einer „strategischen", dem Grunde nach falschen Antwort kommen oder zur Verweigerung einer Antwort. Das ist völlig in Ordnung und geschieht, um den Menschen zu schützen. Es gehört zu dem zugrunde liegenden Therapiemodell, auch diese Entscheidung des Klienten durch entsprechende Abfragen abzusichern. Grundsätzlich kann und muss respektiert werden, dass das Unterbewusstsein hier eine Entscheidung getroffen hat, eine Frage nicht zu beantworten.

Doch sind es weniger die unmittelbar in der Sitzung auftretenden Antworten auf diese Abfrage, die den eigentlichen Kern dieser Arbeit ausmachen.

Vielmehr wird durch diese Fragen und die Suche des Unbewussten nach einer Antwort ein Suchprozess aktiviert, der auch nach der Sitzung weiterläuft, bis er – auch zu einem späteren Zeitpunkt – das Ergebnis ihrer Suche preisgibt, und auch die Erarbeitung von Lösungsansätzen in erheblichem Maße aktiviert.

Sicher kennen Sie diese Situation: Sie sitzen mit einem Freund bei einem Bier zusammen und unterhalten sich. Sie sprechen über Bücher oder Filme, und Sie möchten Ihrem Freund von einem Buch oder Film erzählen, aber Ihnen fällt der Autor oder der Schauspielername gerade nicht ein. Das Gespräch geht weiter und einige Minuten später, vielleicht zwei Minuten, vielleicht zwanzig Minuten, Sie sind vielleicht schon bei einem anderen Thema, fällt Ihnen der Name wieder ein.

Was daran so interessant ist, ist der Umstand, dass Sie nicht in der Zwischenzeit zum Smartphone gegriffen haben, Sie haben nicht im Internet nachgeschaut, Sie haben nicht jemanden angerufen, Sie haben es nicht irgendwo nachgelesen. Die Information war bereits in Ihnen, Sie konnten sie allerdings nicht sofort abrufen. Was Sie gemacht haben, ist, einen Suchauftrag aufgegeben zu haben, und während Sie sich gar nicht mehr darum kümmern und sich weiter unterhalten, läuft dieser Suchauftrag unbewusst im Hintergrund ab und liefert Ihnen irgendwann das Ergebnis – und sei es erst am nächsten Tag.

Das ist in etwa das, was auch in einer Hypnosetherapie geschieht, die mit Ideodynamik und eben derartigen Suchprozessen arbeitet. Es wird ein Suchauftrag erteilt (oder mehrere), und manchmal kommt die Antwort sofort, manchmal in den Tagen nach der Sitzung. Klienten, die gut träumen und ihre Träume erinnern, erhalten vielleicht über Träume Hinweise, andere lesen einen Artikel, den sie sonst überblättert hätten, andere werden auf ein Buch aufmerksam und denken, das könnte doch auch etwas für sie sein. Erinnern Sie sich daran, was oben über den unbewussten Wahrnehmungsfilter geschrieben wurde?

„Die Aktivierung von inneren psychobiologischen Prozessen der Geist-Körper-Kommunikation und Heilung, auf die der Patient sich einlassen muss, um die richtige Antwort zu erhalten, ist der signifikantere Teil der ideodynamischen Hypnotherapie". [29]

---

[29] The activation of inner psychobiological processes of mind-body communication and healing that the patient must engage in to get

Und noch einen weiteren, interessanten Vorteil hat diese Technik. Obwohl die Therapeut-Klient-Beziehung auf einer Vertrauensbeziehung basiert, kann es dem Klienten im Einzelfall unangenehm sein, Details über bestimmte Sachverhalte oder Empfindungen darzulegen. Befragt der Therapeut den Klienten, ist es stets hilfreich für die Entwicklung weiterführender Fragen, wenn der Klient seine Erkenntnisse mitteilt. Doch in dieser Form der Hypnotherapie ist das nicht in jedem Fall notwendig. Die Suchprozesse laufen intern im Klienten ab, und der Therapeut erhält lediglich Ja/Nein-Signale für sein weiteres Vorgehen. Der Klient kann seine Einsichten auf die beschriebene Weise für sich behalten, wenn das Unbewusste dies so signalisiert.

Ja, mehr noch. Es ist möglich, dass der unbewusste Teil des Klienten es zu seinem Schutz auch für hilfreich ansieht, dass der Klient selbst nicht bewusst über die gefundenen und bearbeiteten Erinnerungen und Prozesse Einsicht erhält. Auch hier genügt es völlig, wenn diese Prozesse unbewusst ablaufen und das Unbewusste lediglich über Fingersignale die ablaufenden Prozesse zur Lösung anzeigt.

Im deutschsprachigen Raum nahmen vorrangig Agnes Kaiser Rekkas und Götz Renartz diese Vorgehensweise auf und bauten sie weiter aus.

---

the right answer is the more significant part of ideodynamic hypnotherapy. (Rossi and Cheek: Mind-Body Therapy, p. 77).

NLP

NLP (Neurolinguistisches Programmieren) ist eine populäre Form der Hypnokommunikation. Richard Bandler und John Grinder, die Begründer des NLP, haben nie einen Hehl daraus gemacht, wie sie NLP entwickelt haben. Sie haben einige der besten Therapeuten ihrer Zeit beobachtet – Milton Erickson, Frank Farrelly, Fritz Perls und Virginia Satir – und haben zusammengefasst, was diese machten. So besteht ein guter Teil des NLP-Instrumentariums aus Methoden von Erickson, so etwa das nach ihm so genannte Milton-Modell der Sprache...

Die von Therapeuten abgeschauten Techniken wurden aus dem Bereich von Krankheit und Psychotherapie herausgeholt und in die breite Anwendung der Wirtschaft, insbesondere im Bereich Verkaufstraining und Werbung gebracht.

Auch die Namensgebung war ein geschickter Marketingschritt. „Neuro-" bezieht sich auf die Nerven (griech. neuron), „-linguistisch" verweist auf die Sprache (lat. lingua). Die ersten Schritte des NLP waren Bemühungen, die Sprachmuster der beobachteten Therapeuten zu extrahieren und zu beschreiben und für andere nachvollziehbar und erlernbar zu machen. Diesbezüglich waren die Arbeiten von Alfred Korzybski über Sprachmuster und ihren Einfluss auf die Wahrnehmung und Einschätzung eigener Reaktionen ein Grundstein für das NLP wie auch andere therapeutische Verfahren. Auch der Begriff der „Neurolinguistik" geht bereits auf ihn zurück.

„Programmieren" möchte auf Parallelen zur Programmierung von Computern verweisen. Es klingt modern und technisch-wissenschaftlich und nicht zuletzt untermauert es ein Gefühl von Handlungskompetenz.

NLP wäre damit die „Programmierung der unbewusst ablaufenden Programme mit Hilfe der Sprache der Nervenleitungen".

NLPt (beachten Sie das kleine „t" am Ende) bedeutet hier nicht mehr Neurolinguistisches *Programmieren*, sondern Neurolinguistische *Psychotherapie*. Es ist der österreichische Ansatz, NLP für den therapeutischen Bereich zu rehabilitieren, indem dort Ausbildungsstandards und Zugangsvoraussetzungen in Form von akademischen Fachausbildungen festgesetzt wurden, um dem dortigen Psychotherapiegesetz zu genügen. Dies gilt nicht in Deutschland, wo aber mit diesem Begriff ebenfalls zertifiziert wird, ohne dass die (österreichischen) Voraussetzungen erfüllt sein müssen. Dadurch wird die Vielzahl der NLP-Abschlüsse für den ratsuchenden Laien noch undurchschaubarer, da eine Verwirrung und Verwechselung „sprachlich vorprogrammiert" ist.

Mentaltraining

Im Sport wurde die enorme Möglichkeit genutzt, Hypnose einzusetzen, allerdings wollte man den mit Vorbehalten besetzten Begriff Hypnose vermeiden. Daher wurde der Begriff des „Mentalen Trainings" als Gegenstück zum körperlichen Training eingeführt.

Zunächst ging es darum, die Bewegungsabläufe im Kopf durchzugehen und zu festigen. Bei einer mentalen Vorstellung sind die gleichen Areale im Gehirn aktiv wie bei einer tatsächlich körperlichen Übung. Es scheinen in ähnlicher Weise neurale Verbindungen gebildet zu werden, auf die später zurückgegriffen werden kann, um die Motorik zu steuern. Die erstaunlichen Ergebnisse führten bald dazu, die Anwendung der Methoden auszuweiten. Ein Sportler trainiert nicht jahrelang, um sich am entscheidenden Wettkampftag *zufällig* gut zu fühlen und Spitzenleistungen abrufen zu können. Auch dies wird mit Visualisierungen, Verankern und anderen Techniken der modernen Hypnotherapie gefestigt. Hier liegt auch der Unterschied zwischen *Mentaltraining* und *Mentalcoaching*, sofern man diesen herausheben möchte. Training müsste sich mehr auf Abläufe und Coaching auf mentale Einstellungen wie Kompetenzerwartung (Selbsteinschätzung), Ergebniserwartung und dergleichen beziehen. Diese Unterscheidung wird praktisch aber nicht beibehalten.

Auch in der Wirtschaft sind Selbständige und Angestellte dazu übergegangen, mit Hilfe von Mentaltraining oder Hypnocoaching ihre Leistungen und ihre Zufriedenheit zu steigern. Aufgrund der zunächst erforderlichen Investition in einen guten Coach wird dies bisher eher von den erfolgreichen und entsprechend verdienenden Menschen in Anspruch genommen. Langsam setzt auch eine Stufe davor die Einsicht ein, durch Mentaltraining zu einem erfolgreichen Menschen zu werden.

Im Grunde sind **Meditation, Entspannung** und **Hypnose** changierende Formen des gleichen Ansatzes, der Rückbesinnung auf den eigenen inneren Raum.

Literaturempfehlung:

Für Interessenten mit ausreichenden Englischkenntnissen ist „Solution-Oriented Hypnosis" von Bill O'Hanlon ein sehr gutes Buch zum Einstieg. Es ist leicht lesbar und anschaulich, zugleich fundiert, und vermittelt einen guten Einblick in die Methode Ericksons. [30]

Eine sehr gute Darstellung der modernen Arbeitsweise mit Hypnotherapie, insbesondere der systemisch orientierten Hypnose und der Ideomotorik, sind die Bücher von Agnes Kaiser Rekkas. Diese sind zwar als Lehrbücher für Anwender konzipiert, geben aber Interessenten und Klienten einen anschaulichen Einblick in die Anwendung dieser Methode.

Literatur:

Cheek, David, 1994: Hypnosis: The Application of Ideomotor Techniques. Boston: Allyn & Bacon.

Dahlke, Rüdiger, 1995: Heilung durch Meditation. Müllheim-Baden: Auditorium. [Vortrag].

---

[30] Leider gibt es keine deutschsprachige Ausgabe. Und so habe ich den Verlag angeschrieben und vorgeschlagen, dass ich das Buch übersetze. Sie haben abgelehnt (ich habe allerdings als Privatperson auch keine Kenntnisse von den Vorgängen innerhalb eines Verlages). Falls Sie Kontakte zu einem entsprechenden Verlag haben, würde ich mich freuen, wenn eine deutsche Ausgabe möglich wird.

Dethlefsen, Thorwald & Dahlke, Rüdiger, 1983: Krankheit als Weg. München: Goldmann.

Elman, Dave, 1977: Hypnotherapy. Westwood Publishing [Erstveröffentlichung USA 1964].

Erickson, Milton H. & Rossi, Ernest, 1999: Hypnotherapie. Stuttgart: Pfeiffer [Erstveröffentlichung USA 1979: Hypnotherapy].

Erickson, Milton H. & Rossi, Ernest, 2004: Hypnose erleben. Veränderte Bewusstseinszustände therapeutisch nutzen. Stuttgart: Pfeiffer [Erstveröffentlichung USA 1981: Experiencing Hypnosis].

Haken, Hermann & Schiepek, Günter, 2005: Synergetik in der Psychologie: Selbstorganisation verstehen und gestalten. Göttingen: Hogrefe.

Kaiser Rekkas, Agnes, 1998: Klinische Hypnose und Hypnotherapie: Praxisbezogenes Lehrbuch für die Ausbildung. Heidelberg: Carl-Auer-Systeme.

Kaiser Rekkas, Agnes, 2001: Die Fee, das Tier und der Freund. Hypnotherapie in der Psychosomatik. Heidelberg: Carl-Auer-Systeme.

O'Hanlon, William* & Martin, Michael, 1992: Solution-Oriented Hypnosis: An Ericksonian Approach. New York: Norton. [*for William, later: Bill]

Rossi, Ernest & Cheek, David, 1995: Mind-Body Therapy: Methods of Ideodynamic Healing in Hypnosis. Phoenix, AZ: Zeig Tucker & Theisen Inc. [Erstveröffentlichung USA 1994].

Schmidt, Gunther, 2003: Die Integration von hypnotherapeutischen Ansätzen in systemische Konzepte. Müllheim-Baden: Auditorium-Netzwerk.

[DVD-Mitschnitt einer Ausbildung am Milton-Erickson-Institut Heidelberg.]

Spanos, Nicholas P. (1982). Hypnotic behavior: A cognitive, social, psychological perspective. In: Research communications in psychology, psychiatry and behavior. January 1982.
Zit. nach:
Hock, Roger R. (2001): Forty Studies that changed Psychology. Explorations into the History of Psychological Research. Upper Saddle River, New Jersey: Pearson Education, Inc. [Erstausgabe 1992]. [Der Artikel von Spanos bildet, unter der Überschrift "Acting as if you're hypnotized", ein Kapitel in dem Buch von Roger Hock.]

Thomas, Klaus, 1989: Praxis des Autogenen Trainings. Selbsthypnose nach I.H. Schultz. Stuttgart: Thieme [Erstveröffentlichung 1967].

Kritische FAQ zu Hypnose

Es gibt eine Reihe von Fragen, die Menschen oft beim Thema Hypnose haben. Zuweilen stehen hinter diesen Fragen Befürchtungen, die auf falschen Vorstellungen beruhen. Einige solcher Fragen werden hier erläutert:

Kann jeder Mensch hypnotisiert werden?

Nachdem Sie die bisherigen Erläuterungen gelesen haben, dürfte die Frage gar nicht mehr aufkommen. Wenn man erst einmal verstanden hat, dass Hypnose nichts Seltsames ist, sondern ein völlig natürlicher Zustand, den jeder Mensch mehrmals am Tag erlebt, beim Fernsehen, Nachdenken, bei konzentrierter Arbeit etc., dann ist klar, dass sich die Frage gar nicht stellt.

Die eigentliche Frage, die hier wohl auch dahinter steckt, ist die, ob jeder Mensch *sofort* in eine ausreichend *tiefe* Hypnose gehen kann. Man liest zuweilen, dass etwa ein Viertel aller Menschen dies können. Ob die Zahlen stimmen, weiß ich nicht, aber ich denke, es kommt mehr auf das grundlegende Verständnis an als auf die Statistiken. Etwa ein Viertel also kann *sofort* in Hypnose gehen. Bei den anderen dauert es etwas länger. Das ist alles.

Nun ist es ja so, dass etwa in einer Hypnose-Show keine Zeit besteht, jemanden erst einmal eine viertel Stunde lang in eine Entspannung zu bringen oder große Aufklärungsarbeit zum Abbau von Skepsis zu leisten. Hier muss es schnell gehen. Daher müssen Sie einmal darauf achten, dass hier vorab eine deutliche Vorauswahl getroffen wird. Je nach Rahmen und Zeit, gibt es eine Vorübung zur Austestung der Vorstellungskraft. Dann kommen die Menschen nach vorne, die sich ohnehin freiwillig melden, und von vornherein nur die, die in der Vorübung geeignete Ergebnisse hatten. Dann gibt es weitere kleine Übungen, viele Freiwillige werden dann schnell wieder verabschiedet, einige weitere bleiben auf der Bühne, dienen aber mehr als Statisten, und letztlich arbeitet der Show-Hypnotiseur nur mit ganz wenigen Menschen, die sich entsprechend schnell und entsprechend tief darauf einlassen wollen. Für den Zuschauer sieht es aus wie „Zack" und der Mensch ist hypnotisiert. In Wirklichkeit steckt eine Menge Vorauswahl darin. Das heißt nun eben nicht, dass mit den anderen nicht hypnotisch gearbeitet werden könnte. Es dauert nur etwas länger und diese Zeit hat man auf der Bühne oder im Fernsehen nicht.

In der Beratungspraxis haben wir diese Zeit und dann dauert es eben beim ersten Mal eine viertel Stunde und geht beim nächsten Mal schon einfacher. (Das ist jetzt übrigens eine Form von Seeding, dem Aussäen von positiven Erwartungshaltungen...).

Es gibt auch immer wieder den Hinweis, dass ein Teil der Menschen gar nicht in Hypnose gehen kann, hier wird von zehn bis fünfundzwanzig Prozent geschrieben. Diese Aussage kommt dann aber in der Regel von Hypnosetherapeuten, die mit bestimmten Arten von Hypnose arbeiten, und hierfür eine gewisse Hypnose*tiefe* erreichen wollen: Bereits oben konnten Sie darüber lesen, dass es eine Art Glaubensstreit darüber gibt, wie tief eine Hypnose sein müsse, damit man von Hypnose sprechen kann und nicht nur von Entspannung. Bitte lesen Sie dort nochmals nach, für ein Verständnis dieses Punktes. Abschließend kann man sagen, dass eine bestimmte Tiefe nur in wenigen Anwendungsbereichen notwendig ist. In der Regel ist die Trance so leicht, dass die Klienten schon wieder meinen, dass sie gar nicht in Hypnose waren. Nochmals:

Hypnose ist nicht dasselbe wie Schlaf, Sie werden weiterhin alles wahrnehmen, alles hören, und Sie werden nicht bewusstlos, aber es werden Veränderungen stattfinden!

Ist es sicher, dass ich wieder aufwache?

Nein. Leider kann Ihnen niemand zusichern, dass Sie wieder aufwachen. Wie heißt es doch in Brahms Wiegenlied: „Morgen früh, *wenn Gott will,* wirst Du wieder geweckt…".

Aber im Ernst: Ob Sie wieder aufwachen, hat nichts mit Hypnose zu tun. Nach dem bisher Geschriebenen ist Ihnen klar, dass Sie nicht einschlafen, also stellt sich auch nicht die Frage nach einem Aufwachen.

Wenn wir es andererseits metaphorisch verstehen als das Beenden der Hypnose, dann ist es sicher, dass Sie diese beenden. Die Kunst besteht eher darin, sie aufrecht zu halten.

Erinnern Sie sich: Hypnose ist wie das Surfen auf einer Welle. Zum Beenden gibt es dabei nur zwei Möglichkeiten: Entweder Sie landen oberhalb der Welle und sind wieder „wach" (warum „wach" in Anführungszeichen steht, müsste jetzt klar sein), oder Sie landen unterhalb der Welle, dann schlafen Sie einfach ein. Und ob Sie aus einem Schlaf wieder aufwachen…

Kann man Menschen in Hypnose dazu bringen, Dinge zu tun, die sie nicht tun wollen oder die sie sonst nicht tun würden?

Natürlich.

Sie können ja auch ohne (formelle) Hypnose Menschen dazu bringen, Dinge zu tun, die sie nicht tun wollen oder die sie sonst nicht tun würden.

Doch möchte ich diesen Punkt nicht nur flapsig beantworten, sondern etwas ausführlicher darstellen, da dies immer noch einer der größten Vorbehalte gegen Hypnose zu sein scheint.

Es gab bereits eine Vielzahl von sozialpsychologischen Experimenten, um herauszufinden, wie Menschen in kritischen Situationen reagieren, handeln, Entscheidungen treffen, und wodurch dies beeinflusst sein könnte. Zwei der bekanntesten und interessantesten Untersuchungen möchte ich Ihnen kurz skizzieren. Wenn Sie Interesse haben, dann lesen Sie sich ruhig mehr über diese Untersuchungen durch, es lohnt sich.

Da war zum einen das Experiment von **Stanley Milgram**, 1961 in New Haven, USA [31]. Fragestellung der Untersuchung war, wie es zu den Verbrechen im nationalsozialistischen Deutschland kommen konnte, insbesondere, ob Menschen tatsächlich bereit wären, anderen Menschen Schmerzen zuzufügen, nur weil dies von einer Autoritätsperson befohlen wurde.

Der Versuchsperson, die ich jetzt *tatsächliche* Versuchsperson nennen muss, wurde erklärt, sie sei Teil des Untersuchungsteams, Assistent der durchführenden Wissenschaftler. Man würde untersuchen, wie sich Bestrafungen und Schmerz auf kognitive Fähigkeiten auswirken. In dem Nebenraum würde eine Versuchsperson sitzen, die ich jetzt *vermeintliche* Versuchsperson nennen muss. Diese *vermeintliche* Versuchsperson, war in Wirklichkeit Teil des Teams, es ging also um die Beobachtung der *tatsächlichen* Versuchsperson.

Der tatsächlichen Versuchsperson wurde der Versuchsaufbau so erklärt, dass die (vermeintliche) Versuchsperson im Nebenraum an ein Gerät angeschlossen ist, das wie ein elektrischer

---

[31] Milgram, S., 1974: Das Milgram-Experiment. Zur Gehorsamsbereitschaft gegenüber Autorität. Rowohlt: Reinbek. [Erstveröffentlichung USA 1974: Obedience to Authority. An Experimental View.]

Stuhl aussah (mit der beabsichtigten Assoziation) und das der Person elektrische Impulse versetzt, kleine bis größere Stromschläge. Die Steueranlage hierfür sollte die tatsächliche Versuchsperson bedienen. Sie sollte der Person im Nebenraum Fragen vorlesen und nach einem bestimmten Schema vorgehen. Die Fragen sollten bei richtiger Beantwortung schwerer werden, bei falscher Beantwortung auf ein früheres Niveau zurückgehen. Zugleich sollte bei falscher Beantwortung ein Stromimpuls gesetzt werden.

Dieser sollte im Verlauf der Befragung bei falschen Antworten in der Intensität zunehmen. Von leichten Stromschlägen, über stärkere, über Stromschläge, die deutliche Schmerzen verursachen, bis zu Stromschlägen, die sehr starke Schmerzen verursachen. Dies wurde durch szenisches Spiel der vermeintlichen Versuchsperson im Nebenraum (zur Vereinheitlichung kam es von Band) veranschaulicht. Die vermeintliche Versuchsperson im Nebenraum reagierte mit Schreien, Schmerzausdrücken, Bitten um Beendigung, Flüchen und Aggression und anderen Ausdrücken des Missfallens, Schmerzes und Wunsch nach Beendigung.

Im Ergebnis haben nahezu alle Versuchpersonen gegen eine Fortführung der Versuche aufbegehrt. Sie haben ihre Zweifel und ihre Kritik ausgedrückt. Sie haben gesagt, dass sie den Versuch abbrechen möchten. Und fast alle haben weitergemacht, niemand hat abgebrochen bei einer Stromintensität, die bei der Person Schreie vor Schmerzen auslöste. Erst danach haben einige Personen unter Protest abgebrochen. In der ersten Durchführung des Experimentes haben von den 40 Versuchspersonen allerdings nur 14 abgebrochen, und das erst bei hohen Werten auf der Stromskala. 26 haben die Höchststufe der Stromskala erreicht und die Schläge ausgegeben. Als Reaktion im Nebenraum erfolgte hier bereits nichts mehr, es entstand der Eindruck, die (vermeintliche) Versuchsperson wäre nach den entsetzlichen Schmerzen bereits bewusstlos oder schlimmeres. Man hatte den (tatsächlichen) Versuchspersonen gesagt, dass dies in Ordnung sei, dass dies wissenschaftlichen Untersuchungen diene, dass sie die teueren Untersuchungen gefährden, wenn sie nicht weitermachten.

In späteren Fortführungen des Experimentes wurden zahlreiche Erweiterungen und Variationen eingebaut. Die Ergebnisse variierten und hingen von unterschiedlichen Faktoren ab, etwa ob der durchführende Professor persönlich anwesend war, ob mehrere Versuchspersonen gleichzeitig anwesend waren und wie diese reagierten und anderen Faktoren. Die Ergebnisse blieben aber letztlich in der Tendenz gleich.

Es gab bereits eine Reihe von Nachstellungen des Versuchs. Außerhalb des streng wissenschaftlichen Rahmens, aber dafür auch für das breite Publikum zugänglich, erschienen auch eine Reihe von Nachstellungen durch Fernsehsender, etwa der BBC (Milgrams Obedience to Authority Experiment 2009), France 2 (La Zone Xtreme 2009) oder eine Version des britischen Mentalkünstlers Derren Brown (The Heist, Channel 4, 2006 [32]).

---

[32] Dieses Experiment wurde 2006 nachgestellt im Rahmen von Derren Browns Versuch, Menschen mit Hilfe von Hypnose zu einem Geldtransporterüberfall zu bewegen. Dieses Special lief im britischen TV-Sender Channel 4 und ist zu finden auf seiner DVD „The Specials". Das Special zeigte, dass dies grundsätzlich möglich ist, dass aber letztlich nur wenige Kandidaten entsprechend agierten. Es zeigt zugleich, welcher immense Aufwand betrieben werden muss, um Menschen auf diese Weise zu kriminellen Taten zu bringen.

Ein anderes Experiment stammt von **Philip Zimbardo**, das so genannte Stanford-Prison-Experiment, 1971, Stanford Universität, USA [33]. Zimbardo ist Studenten gut bekannt, da er eines der Standardwerke in der Gesamtdarstellung der Psychologie geschrieben hat. Die Untersuchung selbst ist in Deutschland einem breiteren Publikum bekannt geworden durch eine Verfilmung „Das Experiment" (die auf dem Versuchsaufbau basiert, allerdings dramatisch übertreibt).

In den Kellerräumen der Universität von Stanford wurden Gefängnisräume nachgebaut. Die teilnehmenden Versuchspersonen wurden in zwei Gruppen eingeteilt, in Personen, die die Wächter spielten und in Personen, die die Gefangenen spielten. Schnell kam es zu Demütigungen, Schikane und Gewaltanwendung. Die Gewalt eskalierte so schnell und so stark, dass der Versuch nach sechs Tagen vorzeitig abgebrochen werden musste.

Diese beiden (und viele weitere) Experimente zeigen, dass man Menschen durchaus dazu bekommen kann, Dinge zu tun, die sie unter normalen Umständen nicht tun würden und ablehnen. Von exzessiveren Formen über längere Zeiträume hinweg ganz zu schweigen.

Beim Milgram-Experiment wurde derselbe Effekt verwendet, der auch in der Hypnose genutzt wird. Durch die Umgebung des Versuches, die Räumlichkeiten innerhalb einer Universität, Versuchsleiter mit akademischen Titeln, autoritäres Auftreten, vermeintliche Informationen zum Versuch etc., wird eine Sichtweise vermittelt, es ginge um seriöse Untersuchungen. Der Kri-

---

[33] http://www.prisonexp.org/deutsch

Gute Darstellungen und weiterführende Hinweise zu diesen Experimenten finden sich auch auf wikipedia.de.

tische Teil hat sich durchaus bei einigen (tatsächlichen) Versuchspersonen gemeldet, sie haben ihren Zweifel auch ausgedrückt, aber der Kritische Teil konnte durch die genannten Punkte umgangen werden. Und das ist der Kern von Hypnose: Hypnose nutzt den Effekt, bei dem durch Aufmerksamkeitsfokussierung der Kritische Filter des Menschen umgangen, und eine neue, ausgewählte Sichtweise etabliert wird.

All' dieses ist also auch ohne formelle Hypnose möglich, und es liegt nahe, dass es auch unter Verwendung von formeller Hypnose möglich ist. Was aber soll uns das sagen?

Warum sollte ein Klient befürchten, in einer therapeutischen Praxis zu Dingen getrieben zu werden, die er nicht will?

Dies basiert immer noch auf Darstellungen der Hypnose als Mittel der Machtausübung, von Bildern, in denen der Hypnotiseur einem Magier gleich seine Hände in die Höhe hält, der Hypnotisand mit aufgerissenen Augen da steht, bereit, den Ausführungen des Meisters zu folgen. Es beruht auf Darstellungen in Infotainmentmagazinen im Fernsehen, in denen auch heute noch die Stimme des Hypnotiseurs mit einem Halleffekt verändert wird. Es basiert auf Darstellungen in Kriminalromanen und –filmen.

Es hat nichts mit dem therapeutischen Alltag zu tun.

Warum fallen in einer Hypnoseshow die Menschen einfach um?

Die „Nach-hinten-Umfall"-Einleitung, oder fachlich als „Postural Sway" bezeichnet, ist eine sehr häufig zu sehende Hypnoseeinleitung im Bereich Show und Fernsehen. Sie kommt hingegen im seriösen therapeutischen Kontext gar nicht vor.

Warum fallen die Menschen um? Grundsätzlich zunächst einmal platt gesagt, weil der Hypnotiseur das so möchte und anleitet. Leider sieht man sogar Werbevideos von Hypnoseschulen, auf denen mit dieser Methode geworben wird. Allerdings zielen diese Schulen auch auf Interessenten, die genau das erlernen möchten. Dies ist in der Tat gröbster Unfug. Zum einen, weil immer die Gefahr besteht, dass die Person bereits Wirbel- oder andere Probleme hat, die hier zu einer Verschlimmerung führen können. Zum anderen gibt es nicht den geringsten Anlass für diese Art der Einleitung in einem therapeutischen / beratenden Kontext. Sinn, falls überhaupt, macht sie nur in einem Showkontext.

Stellen Sie sich vor, es sitzen zwei Personen auf bequemen Stühlen und plötzlich schließt eine von ihnen die Augen. Das sieht nicht wirklich eindrucksvoll aus. Und in der dritten Reihe kriegt man als Zuschauer davon nichts mehr mit. Und in einer schummrigen Disko oder auf einem Dorffest schon gar nicht.

Wenn hingegen ein gestandener Mann plötzlich einfach umfällt wie ein gefällter Baum, dann macht das schon einen metaphorischen Eindruck beim Publikum. Oder wenn eine hübsche Frau einfach so scheinbar willenlos zu Boden sinkt, dann werden Phantasien bedient.

Darum wird es gemacht.

In der Show, wohlgemerkt. Denn „Show" heißt „zeigen".

Was hier psychologisch geschieht, ist hingegen sehr einfach. Die Person soll ihre Füße eng zusammenstellen und erhält dadurch bereits einen instabilen Stand. Dann sieht sie langsam eine Hand (des Hypnotiseurs) auf sich zukommen. Es ist ein Effekt ähnlich wie in den 180°-Kinos, wenn Sie sich noch an diese erinnern. In einem solchen Kino kommt ein Auto auf sie zu und Sie zucken zusammen. Ihr Verstand weiß, dass Sie in einem Kino sind, ein Teil Ihres Gehirns, der für Reflexe zuständig ist, reagiert aber, ohne den Befehl vom Verstand zu erhalten. Also lässt das Gehirn Sie im Reflex vor der Gefahr wegducken. Dieser Reflex wird zwar weitgehend unterdrückt, so dass Sie im Kino nicht auf dem Boden landen, aber dennoch zucken Sie kurz zusammen. Das macht den Spaß in einem solchen Kino aus.

Ähnlich ist es, wenn die Hand langsam auf Sie zukommt. Sie schließen die Augen, aber ein Teil Ihres Gehirns stellt sich die Bewegung als weiterlaufend vor, also muss es reagieren und nach hinten ausweichen. Nun kommt es zu einer von zwei Reaktionen. Entweder, seltener, macht die Person einen Rückschritt, um nicht nach hinten umzufallen. Oder, im Regelfall, sie unterlässt diesen Rückschritt und fällt nach hinten um.

Warum die Person den – an sich lebenswichtigen – Rückschritt unterlässt, ist ebenfalls nachzuvollziehen. Der Verstand ist immer dabei, und der Verstand weiß, dass sie sich in einer Show befinden, dass Sie nur den Anweisungen des Hypnotiseurs folgen, dass er dieses Szenario so eingeleitet hat, dass es in seiner Verantwortung liegt, dass Sie sich nicht fallen. Und so vertrauen Sie darauf, dass er Sie auffängt, dies entspricht einfach Ihrer Erwartung. Und gerade aufgrund dieses Zeichens des Vertrauens, ist diese Art der Einleitung eine so günstige Basis für weitere (Show)-Arbeit.

Und machen Sie sich noch eines deutlich: Es ist keineswegs so, dass mit diesem kurzen Umfallen bereits die Hypnose selbst herbeigeführt ist. Vielmehr muss der Hypnotiseur nun den Zustand der Offenheit und leichten Desorientierung der Person nutzen, um die Person in den eigentlichen hypnotischen Zustand zu geleiten und diesen zu stabilisieren. Doch dieses wichtige Element wirkt auf Zuschauer eher wie eine Nebensächlichkeit, das dramatische Element wirkt auch im Zuschauer nach.

Welche Anforderungen erfüllt eine Ausbildung zum Hypnotherapeuten?

Es gibt weder eine vorgeschriebene Ausbildung noch eine Art Prüfung. Es gibt Kurse, die dauern ein paar Tage und andere, die dauern sehr viel länger.

Hypnosetherapie zu erlernen teilt sich in zwei Bereiche: Der erste ist es, zu erlernen, wie man einen Klienten sicher in eine Hypnose hineinführt und wieder heraus. Da Hypnose kein mystischer Zustand ist, und nichts mit außergewöhnlichen Fähigkeiten seitens eines Hypnotiseurs zu tun hat, kann man dies durchaus an einem oder zwei Wochenenden lernen.

Allerdings ist dies der leichteste Teil, danach stellt sich dann die Frage: Was macht man mit dem Menschen, wenn erst einmal hypnotische Effekte auftreten? Um dies zu lernen benötigt man schon sehr viel mehr Ausbildung und Erfahrung.

Stellen Sie sich analog vor, ein IT-Spezialist fährt auf ein Seminar, um seine Kenntnisse in einer bestimmten Thematik zu erweitern, ein Jurist fährt auf ein Seminar, um Kenntnisse in einem speziellen Fachgebiet zu erwerben. In diesen Beispielen sollte eines klar werden: Die genannten Personengruppen haben ihren Beruf bereits gelernt, sie fahren nun auf Seminare, um ihr Wissen und Können zu erweitern.

Dementsprechend kann ein ausgebildeter Therapeut durchaus in einer Reihe von Seminaren die Hypnose als Werkzeug adäquat zu nutzen lernen. Das setzt aber voraus, dass er bereits Therapeut *ist* (oder entsprechend ausgebildeter Berater/Coach/Counselor…). Wenn jemand aber noch nicht Therapeut ist, dann genügen ein paar Seminare nicht. Um ein Therapeut zu werden, bedarf es einiger Jahre an fundierter Ausbildung in Psychologie, Psychotherapie, Psychopathologie, Weiterbildung in grundlegenden Therapie- oder Beratungsverfahren, Selbsterfahrung, Supervision.

In Deutschland (und soweit ich weiß auch im angloamerikanischen Raum) gibt es keine Hypnoseausbildung, die in diesem Sinne grundständig zum Therapeuten ausbildet, es gibt aber reihenweise Schulen, die jedermann ohne jede Vorbildung in Hypnose „ausbilden" und nach ein paar Tagen mit Titeln oder Schlagworten „zertifizieren", die leicht eine falsche Einschätzung beim Laien hervorruft. Mir ist zum Beispiel eine größere Schulkette bekannt, die jedermann ohne Vorkenntnisse nach vier Tagen zwei Zertifikate in die Hand drückt: „Ausgebildeter Hypnotiseur" und „Traumatherapie mit Hypnose". Denken Sie bitte selbst!

Zum Unterschied zwischen Meditation und Hypnose

Worin ein Unterschied zwischen Meditation und Hypnose liegt, ist schwer zu sagen. Es gibt keine klaren Grenzen, alles geht sehr fließend ineinander über, mit sehr weiten Überschneidungen. Von keinem der beiden Begriffe gibt es eine einheitliche Definition. Es wird des Öfteren ein Versuch gemacht, einen Unterschied festzulegen, aber keiner der Versuche ist überzeugend.

Einige Autoren machen den Unterschied daran fest, dass Hypnose mit dem Ziel verwendet wird, eine Veränderung herbeizuführen, Meditation hingegen das Ziel habe, eben nichts verändern zu wollen, und stattdessen nur wahrzunehmen, was ist. Das ist aber nur zu einem Teil richtig.

Meditation wird beispielsweise von vielen Menschen, gerade im Westen und gerade in den letzten Jahren zunehmend, begonnen, um gezielt etwas gegen chronische Schmerzen zu tun, dies ist sogar das Hauptanwendungsfeld des Molekularbiologen und Meditationslehrers Jon Kabat-Zinn (Achtsamkeitsbasierte Stressreduktion, Mindfulness-Based Stress Reduction). Oder man denke hier an die Verwendung des gleichen Ansatzes in der Therapie von Depressionen (Mindfulness-Based Stress Cognitive Therapy) oder in der Suchtkrankenbehandlung (Mindfulness-Based Relapse Prevention). Auf der anderen Seite gehen viele Menschen in einen hypnotischen Zustand, ohne gezielt etwas ändern zu wollen. Sie wollen sich selbst besser wahrnehmen, zu sich selbst kommen, mithin haben sie eine ähnliche Motivation wie die meisten Meditierenden.

Dies kann dann nicht als Abgrenzungskriterium dienen.

Andere Autoren machen geltend, der hypnotische Zustand werde von einem anderen (dem Therapeuten) herbeigeführt, sei also fremdbestimmt, der meditative Zustand hingegen von dem Meditieren selbst, sei also selbstbestimmt. Das ist falsch.

Zum einen lernt man bei einem Hypnosetherapeuten, wie sich der Klient selbst in den hypnotischen Zustand bringen kann, um zu Hause die Therapie zu intensivieren. Zum anderen kann kein Therapeut einen Klienten in einen hypnotischen Zustand bringen, wenn dieser sich sperrt, Hypnose ist im therapeutischen Kontext immer selbstbestimmt. Umgekehrt wird ein Meditationslehrer den Schüler zu Beginn auch anleiten oder durch so genannte geleitete Meditationen führen.

Wenn Sie einen Anleiter sagen hören „Schließe Deine Augen, lass' los von den Geräuschen und Gedanken, die Dich umgeben und richte Deine Aufmerksamkeit nach Innen", ist das dann die Anleitung zu einer Meditation oder zu einer Hypnose?

Auch dies ist daher kein Abgrenzungskriterium.

Oftmals sehen Autoren einen Unterschied darin, dass Hypnose den Praktizierenden in einen schlafähnlichen Zustand bringt, während Meditation ihn wacher, gleichsam achtsamer machen möchte. Wer diese Auffassung vertritt, verkennt Hypnose. Wie oben dargelegt, ist Hypnose kein Schlaf und auch nur scheinbar schlafähnlich, da er üblicherweise (nicht zwingend) mit geschlossenen Augen und einer gewissen mentalen Fokussierung einhergeht. Das ist beim Meditierenden ganz genauso, daher wird tiefe Meditation oft auch als „Versenkung" umschrieben.

Einen Unterschied zur Meditation vermag ich da nicht zu erkennen.

Ein Unterschied zeigt sich möglicherweise erst in Grenzbereichen. Wenn etwa in der Meditation spirituelle Grenzerfahrungen gemacht werden, oder wenn in einer Hypnose eine extreme Tiefe erreicht wird (der Esdaile-Zustand). Jedoch können auch in Hypnose spirituelle Grenzerfahrungen ermöglicht werden, während sich Meditierende bestimmter Traditionen selbst in einen Esdaile-ähnlichen Zustand versetzen können, wenn sie dies anstreben. Letztlich sind derartige Grenzbereiche wenig geeignet, eine grundsätzliche Unterscheidung über den großen Bereich der Gemeinsamkeiten hinweg zu begründen.

Wie bereits festgestellt: So gesehen sind Entspannung, Meditation und Hypnose changierende Formen des gleichen Ansatzes, der Rückbesinnung auf den eigenen inneren Raum.

Allgemeine Anmerkungen

Meditations- und Hypnose-CDs/mp3

Es gibt eine große Zahl an CDs/mp3 [34] mit angeleiteten Meditationen. Um sie besser einschätzen zu können, muss man sich noch einmal vergegenwärtigen, wie mit Entspannung, Hypnose und Meditation gearbeitet wird.

Diese Audio-Anleitungen müssen sich dabei auf eine von drei Möglichkeiten beschränken:

Da sind zum einen die Anleitungen, die ein Szenario beschreiben, das dem Hörer ähnlich wie bei einem Hörbuch angeboten wird, und der Hörer stellt sich in seiner Phantasie diese Szene vor – in aller Regel mit sich selbst als Teil der Szene. Dies wird häufig als **Phantasiereise** bezeichnet.

Hier fehlt es allerdings an Dialog, an Rückmeldungen des Klienten und an Anpassungsmöglichkeiten durch den Therapeuten (oder nicht-therapeutischen Anleiter). Wie Sie spätestens nach dem Lesen dieses Skriptes wissen, schläft man in Hypnose nicht ein, sondern kann sich mit dem Therapeuten unterhalten und ihm mitteilen, was man erlebt.

In der therapeutischen Praxis werden Phantasiereisen oft genutzt, um den Klienten in eine Szenerie zu versetzen und zu schauen, wie „sich die Geschichte entwickelt". Was sehen Sie, wie reagieren Sie, wen treffen Sie, was geschieht, was empfinden Sie dabei? Diese Form der Selbsterforschung kann außerordentlich aufschlussreich sein, jedoch „geht der Therapeut dabei an Ihrer Seite", Sie erzählen ihm, was Sie erleben und er kann Ihnen Vorschläge für ein weiteres Vorgehen machen.

---

[34] Oder in anderen Formaten, im folgenden als Audio-Datei bezeichnet.

Diese Möglichkeit ist bei der Audio-Datei nicht gegeben. Wenn es Ihnen genügt, eine Szene zur Selbsterforschung oder Entspannung durchzuspielen, kann dies auch bei einer Audio-Datei sehr hilfreich sein, aber es fehlt an der Qualität einer Beratungssituation mit einem Gegenüber.

Wie gut eine solche Anleitung funktioniert, hängt davon ab, wie gut ein Hörer sich darauf einlassen kann und wie gut seine Phantasie ist – schließlich handelt es sich um eine Phantasiereise.

Stellen Sie sich vor, Sie sind in einer fremden Stadt, es ist vollkommen egal, welche, und auch, ob sie real existiert oder frei erfunden ist. Sie gehen durch eine Straße. Wie sieht diese Straße aus?

Es gibt Menschen, die antworten würden: „Also, ich seh' nix."

Es gibt Menschen, die antworten würden: „Also, ich sehe eine Straße, schemenhaft." „Und wie sieht die Straße aus?" „Wie eine Straße halt…". Wie auch immer das sein mag.

Und es gibt Menschen, die antworten würden: „Die Straße hat noch Kopfsteinpflaster, die Häuser links und rechts sind alt, aber gepflegt, mit Stuckarbeiten, nie höher als zwei Stockwerke, mit hohen Eingangstüren, viele in unterschiedlichen Farben, mit Metallbeschlägen. In vielen der Häuser befinden sich auch Ladenlokale. In den Schaufenstern liegen…".

Kurz gesagt: Einige Menschen zeigen eine – im positiven Sinne – reichhaltige Phantasie, zumal in diesem Beispiel vorwiegend die visuelle Vorstellungsmöglichkeit angesprochen war (es gibt daneben natürlich auch noch auditiv (Töne, Geräuschkulissen, Musik, Gesprochenes) und kinästetisch (Tastsinn, Temperatur, Beschaffenheit von Stoffen etc.), gustatorisch (Geschmack) und olfaktorisch (Geruch)).

Es versteht sich von selbst, für welche dieser Menschen eine solche geführte Meditation besser funktioniert und für welche weniger.

Allerdings, auch wenn es zuhause nicht so gut funktioniert, wird es in einer Beratungssituation oft funktionieren. Der Anleiter kann direkt auf den Klienten eingehen und der Klient verliert dadurch vielleicht seine Hemmungen, etwas drauf los zu phantasieren. Das ist der Kern einer Hypnose: den „Kritiker" abzublenden.

Es muss auch deutlich klargestellt werden, dass es nicht auf eine Detailliertheit der Bilder ankommt. Hier liegt ein häufiges Missverständnis, derart, dass manche Menschen meinen, sie könnten sich nichts vorstellen. Bilder in HDTV sind nicht zu erwarten, sondern vielmehr sind vage Eindrücke üblich und auch völlig ausreichend. In diesen Techniken geht es um die symbolische Bedeutung, die der Klient mit den Eindrücken verbindet. So genügt es im obigen Beispiel völlig, eine Strasse schemenhaft „wahrzunehmen". Wenn eine solche Strasse beispielsweise für einen bestimmten Lebensabschnitt steht und ein Klient schildert, die Strasse gehe bergauf und es sei beschwerlich für ihn, dann ist es das, worauf es ankommt, und es ist weitgehend gleichgültig, wie die Häuser dann im Detail aussehen. Wenn etwas wichtig erscheint, dann wird es dem Klienten auch auffallen oder kann vom Therapeuten nachgefragt werden. Doch für diesen Umgang mit der Phantasiereise ist der Dialog mit einem Anleiter wichtig. Dieser fehlt naturgemäß bei einer Audio-Datei.

Unter der Bezeichnung „**Meditation**" können auch statischere Szenarien angeboten werden, ein Berg etwa, um dem Hörer etwas zu geben, worauf er seine Gedanken beziehen und wieder zurück führen kann, wenn sie abschweifen (und zugleich fördert dies symbolhafte Assoziationen). Oder sie leiten zum

Beispiel seine Aufmerksamkeit durch die Körperregionen (etwa beim Body-Scan). Hier geht es dann nicht um Phantasie, sondern um offene Wahrnehmung der körpereigenen Rückmeldungen, und zugleich dem Abblenden äußerer Reize. Dies ist ein Beispiel für Anleitungen, die für viele Menschen gut funktionieren, auch wenn der Hörer weniger visuell veranlagt ist.

Bei der anderen Form von Hypnose-Anleitungen als Dateien werden **Suggestionen** dargeboten, die der Hörer auf sich wirken lässt.

Hier hängt die Wirkung ebenfalls davon ab, wie gut ein Hörer sich darauf einlassen kann. Auch hier sei wieder daran erinnert, dass die Umgehung des Kritischen Teils und der direktere Zugang zum Unbewussten der Kern einer Hypnose sind. Wenn dies nicht gegeben ist, bleibt es beim einfachen Anhören der Datei. Ein einfaches Anhören wäre aber so, als wenn in einer Beratungspraxis (nicht Hypnosepraxis) der Klient sich hinsetzt, der Therapeut setzt sich dazu, und redet auf den Klienten ein: „Dies und Jenes zu tun fällt Ihnen immer leichter..." Aber: es würde nur selten so funktionieren.

So funktionieren derartige Audio-Dateien wiederum gut für Menschen, die von allein in einen hypnotischen Zustand gehen – vielleicht ohne es zu wissen oder es als solchen anzusehen. Für andere Menschen funktionieren sie weniger gut.

Wie sehr oder wie „tief" Sie in einen hypnotischen oder einen meditativen Zustand gehen, liegt in Ihrer persönlichen Eigenart, wenn Sie es auch nicht bewusst bestimmen.

Weder weiß der Ersteller einer geführten Hypnose, wie tief sie in den Zustand gehen, noch kann er dies aus der Ferne für alle potentiellen Hörer vorab steuern.

Von mindestens ebenso großer Bedeutung ist die **Musik**. Es gibt zwar auch Anleitungen ohne Musik, aber bei den meisten wird Musik verwendet, so dass dieser Punkt eine wichtige Rolle spielt. Nicht jede Musik wirkt auf jeden Menschen gleich, was ein Mensch beim Hören von Musik empfindet, ist eine sehr persönliche Sache.

Und ebenso gilt dieses persönliche Empfinden für Stimme und Sprechweise des Sprechers. [35]

Es gibt eine Fülle an unterschiedlichen Angeboten, es ist für jeden etwas dabei, dieser Abschnitt sollte nur ein wenig sortieren, welche Arten es gibt, damit Sie eher etwas für sich Passendes heraussuchen können.

Nicht unterschätzt werden darf, dass zu einem guten Teil die wohlwollende, unterstützende Anwesenheit des Therapeuten, das positive Umfeld, das der Therapeut anbietet, maßgeblich zu einem positiven Erlebnis und Erfolg beitragen.

Audio:

> Zum Thema Meditation gebe ich einige Empfehlungen nach den Literaturhinweisen im Kapitel Meditation.

Musik

zur Unterlegung von Meditation oder Hypnose

Es gibt eine große Zahl von direkt als „**Entspannungsmusik**" bezeichneten Angeboten. Das meiste davon ist für eine Hypnose-

---

[35] Schauen Sie sich zum Beispiel bei dem führenden Online-Anbieter für Bücher und Audio-Dateien einmal die Rezensionen für eine beliebige geführte Meditation/Hypnose an. Der eine schreibt, die Stimme wäre so angenehm, der nächste schreibt, die Stimme sei fürchterlich... Es ist reine Geschmackssache.

oder Meditationsanwendung ungeeignet. Die meisten Musik-stücke beruhen eben immer noch auf einer Melodie, Rhyth-mus, einem führenden Instrument, Abwechslung. Das mag entspannend wirken, ist aber als Grundlage für eine Hyp-nose/Meditation ungeeignet. Hier sind Klänge hilfreich, die auf tiefere Ebenen einwirken und eine Meditation unterstützen, statt davon abzulenken.

Hierfür ist Musik geeignet, bei der wenig geschieht, die man vielleicht beim „normalen" Hören als „eintönig" einstufen würde, die aber zuweilen eine große Anziehung ausüben kann, gerade durch ihre Gleichförmigkeit und ihre Texturen.

Und diese Musik bietet auch einen geeigneten Klangteppich für einen Therapeuten, um mit seiner Stimme darüber zu spre-chen.

Es gibt zwar gute, speziell für diesen Zweck produzierte Musik, doch ist es nicht nötig, sich bei der Auswahl auf diese Produk-tionen zu begrenzen, nur weil sie Begriffe wie Meditation, Ent-spannung oder ähnliches in der Produktbeschreibung führen. Ich selbst verwende gerne so genannte **Ambient**-Musik, eine Musikform mit entsprechend sehr reduzierter Musik.

Der Begriff wurde wesentlich von Brian Eno geprägt [36]. Ambient sei, so Eno, *„...gestaltet, um Ruhe und Raum zum Denken zu induzieren"* [37].

Doch wie bereits oben geschrieben: Nicht jede Musik wirkt auf jeden Menschen gleich, was ein Mensch beim Hören von Musik empfindet, ist eine sehr persönliche Sache.

Audio:

Eno, Brian, 1978: Ambient 1 – Music for Airports.

> Die CD steht hier in erster Linie als Referenz für das Zitat und den Begriff „Ambient". Es war ein einflussreiches und genrebegründendes Album, und ist noch immer ein guter Ausgangspunkt, um dieses weitgreifende Genre kennen zu lernen, in dem es sehr unterschiedliche Musik gibt [38].

---

[36] Brian Eno ist ein britischer Musiker und Produzent. Als Produzent war er für viele bekannte Künstler und bei bekannten Alben tätig, u.a. für David Bowie (Low, Heroes), U2 (Joshua Tree) oder in Kooperation mit David Byrne. Neben all' den großen Namen, mit denen er zusammengearbeitet hat, sind seine Ambient-Alben in der breiten Öffentlichkeit wenig bekannt, aber ein ungemein herausragender Beitrag zur Musik.

[37] "...designed to induce calm and space to think", Liner Notes zum Album „Ambient 1".

[38] Das Ambient-Genre ist aber, wenn man Enos „Ambient 1" mal als zeitliche Markierung nimmt, auch schon rund vierzig Jahre alt. In diesen vielen Jahren hat es sich stark diversifiziert, großartige wie nicht so interessante Alben hervorgebracht und letztlich wurde es zu einem Label, das immer mehr für Musik verwendet wird, die mit dem eigentlichen Ambient-Gedanken nichts mehr zu tun hat.

Für eine Verwendung im therapeutischen Setting, für ein „Darübersprechen" ist dieses Album nur zum Teil geeignet, zum Beispiel das sehr schöne, aber für diesen Zweck zu kurze „1-2" (so heißt der Track, nicht zu verwechseln mit „2-1").

Christopher Lloyd Clarke: Diverse

Wenn es um Musik geht, die sowohl zur eigenen Meditation genutzt werden kann, wie auch hervorragend als Hintergrund für geführte Meditationen geeignet ist, dann ist die Arbeit von Christopher Lloyd Clarke eine definitive Empfehlung von mir. [39]

Gerade im Bereich Ambient-Musik gibt es eine große Zahl an Veröffentlichungen weniger bekannter Künstler mit sehr reduzierter und geeigneter Musik. Oft sind dies längere Ausarbeitungen von Klangräumen, die wie geschaffen sind zur Meditation mit Musik wie auch zu geleiteten Meditationen.

Altus, 2012-2013: The Sidereal Cycle Vol. 1-4. Free Floating Music.

---

[39] Clarke vertreibt seine Musik als Download selbst. Man kann eine kleine Auswahl auch auf Amazon finden, aber direkt auf der Webseite findet man mehr.
https://www.the-guided-meditation-site.com/meditation-music.html
Für Privatkunden (Musik zum Download für private Nutzung, entsprechend einem klassischen Album): http://www.the-guided-meditation-site.com/meditation-music.html

Für professionelle Anwender (Musik zum Download einschließlich Lizenz für die Nutzung bei Meditationen etc., die dann auch veröffentlicht werden dürfen): https://www.enlightenedaudio.com

Vier jeweils etwa eine Stunde lange Tracks mit Ambient-Musik. [40]

---

[40] Legaler und kostenloser Download:

freefloatingmusic.bandcamp.com/album/the-sidereal-cycle.

Mein persönlicher Favorit

Es gibt kein All-Heil-Mittel, kein Verfahren, das gleichermaßen für jeden Klienten mit jedweder Persönlichkeit und jeder Störung oder Problematik hilfreich ist oder jeden Klienten gleichermaßen anspricht und anzieht.

Ich selbst halte aber die Arbeit mit Entspannungszuständen, Meditation und Hypnotherapie für die erfüllendste, und das aus diesen Gründen:

- Ausgehend vom Grundgedanken der Psychosomatik, einer Wechselwirkung zwischen Psyche (Seele) und Soma (Körper): Warum nicht dahin gehen, wo sich Seele am unmittelbarsten offenbart?

  Natürlich arbeiten auch andere Verfahren mit dem Verändern von Wahrnehmung oder Fokussierung. Viele Wege führen zur Seele. Doch Meditation und Hypnotherapie sind dabei unmittelbarere Wege, wir sollten sie nutzen.

- Ausgehend von dem Gedanken, dass der größte Teil der Mechanismen, die unsere Reaktionen und unser Verhalten, unser Empfinden und Denken steuern, unbewusst ablaufen: Was ist naheliegender, als zum Unbewusstem einen möglichst direkten Kontakt zu suchen und Interaktion zu etablieren?

- Ausgehend davon, dass wir überhaupt mit einem Begriff wie „Psyche" umgehen, müssen wir uns dann nicht fragen, was uns dieser Begriff heute noch bedeutet?

  In der Schöpfungsgeschichte gibt es die Stelle, in der davon erzählt wird, wie Gott den Menschen schuf. Gott nahm ein Stück des Erdbodens, formte den Menschen und machte ihn zu einer lebenden Seele, indem er ihm den Atem des Lebens einhauchte. [41]

Die Schöpfungsgeschichte wurde in Hebräisch geschrieben, in der griechischen Übersetzung, die lange vor einer Übersetzung ins Latein die Bibelsprache war, wurde ein bestimmtes griechisches Wort verwendet: Psyche (ψυχὴν bzw. ψυχή), das im Deutschen mit „Seele" übersetzt wurde.

Wenn es im Menschen eine Seele gibt, die ein Schöpfer in seiner Schöpfung angelegt hat, dann finden wir diese in unserem Innern. Dann kommen wir mit Entspannung, Meditation und Hypnose so nahe heran, wie es uns zu Lebenszeiten möglich ist.

---

[41] Genesis (1. Buch Mose), Kapitel 2, Vers 7.

Michael Ruberg

Spiritualität in der Psychotherapie

Auszug als Bonus

„Wissenschaft ist mit Spiritualität nicht nur vereinbar, sie ist eine profunde Quelle der Spiritualität. Wenn wir unseren Platz in der Unermesslichkeit von Lichtjahren und im Lauf der Zeitalter erkennen, wenn wir die Komplexität, Schönheit und Subtilität des Lebens begreifen, dann ist dieses erhebende Gefühl, dieses Gefühl von Hochgefühl und Demut zugleich, sicherlich spirituell. Das Gleiche gilt für unsere Gefühle in der Gegenwart großer Kunst, Musik oder Literatur oder Taten von vorbildhaftem, selbstlosem Mut wie die von Mohandas Gandhi oder Martin Luther King, Jr. Die Vorstellung, dass sich Wissenschaft und Spiritualität irgendwie gegenseitig ausschließen, erweist beiden einen schlechten Dienst".

Carl Sagan [42]

---

[42] Sagan, Carl: The Demon-Haunted World. Science as a Candle in the Dark.

Spiritualität und Psychotherapie

In der Schöpfungsgeschichte gibt es die Stelle, in der davon erzählt wird, wie Gott den Menschen schuf.

Gott nahm ein Stück der Erde, formte den Menschen und belebte ihn, indem er ihm den Atem des Lebens einatmete, und „so wurde der Mensch eine lebende Seele."[43]

Während der ursprüngliche Text hebräisch ist, wurde in der griechischen Übersetzung, lange vor einer Übersetzung ins Latein, ein bestimmtes griechisches Wort verwendet: **Psyche** (ψυχή [bzw. ψυχήν]).

Wenn man vom reinen Begriff ausgeht, dann ist *Psychologie* die Lehre von der Seele (von griech. psyche: Hauch, Seele und logos: Lehre), *Psychotherapie* die Heilung der Seele.

So ist *Seelsorge* schon vom Begriff her eigentlich das Feld, in dem für die Seele gesorgt wird.

Doch Seelsorge ist nicht nur stark in einen konkreten konfessionellen Kontext eingebunden. Es gibt eine starke institutionelle und inhaltliche Trennung zwischen Seelsorge einerseits und Psychotherapie andererseits.

Wenn es um Fragen und Krisen der Seele oder des Geistes geht, ist es aber nicht abwegig, sondern im Gegenteil etwas sehr Nahe liegendes, Spiritualität in den Kontext einer Psychologischen Beratung oder Psychotherapie einzubeziehen.

---

[43] Genesis (1. Buch Mose), Kapitel 2, Vers 7. Elberfelder Übersetzung.

[...] da bildete Gott, der HERR, den Menschen, aus Staub vom Erdboden und hauchte in seine Nase Atem des Lebens; so wurde der Mensch eine lebende Seele.

Mit der Spiritualität haben jedoch wissenschaftlich oder vermeintlich wissenschaftlich denkende Menschen oftmals eine Berührungshemmung. Sie wird im Kontext von Beratung mit dem Anspruch von Seriosität zu oft ausgeklammert. Dies hat mehrere Gründe.

- wir haben in unserer heutigen Gesellschaft einen enormen Drang zur Absicherung durch die so genannte *Wissenschaftlichkeit*. Man möchte *„nach neuesten wissenschaftlichen Erkenntnissen"* beraten und therapiert werden, aus Angst vor einer unseriösen oder schlechten Beratung/Therapie.

  Fragen Sie sich selbst, ob Sie als Klient im Rahmen einer psychologischen Beratung mit einer *„wissenschaftlich nicht anerkannten"* Methode beraten werden möchten. Welche Gefühle löst das in Ihnen aus? Woran denken Sie?

- In den Regalen der Buchhandlungen findet sich bei den spirituellen Büchern eine bunte Mischung. Die Bücher des Arztes Rüdiger Dahlke über Psychosomatik, Bücher über Psychosynthese nach dem Psychoanalytiker Roberto Assagioli oder die Analytische Psychologie von C.G. Jung werden ebenso dem weiten Feld der Spiritualität zugerechnet wie Bücher über das Kartenlegen. Wer sich vom Pfad der „wissenschaftlichen" Psychologie entfernt, ist damit - zumindest in den Bücherregalen, aber auch in den Köpfen vieler Menschen - schnell bei den Kartenlegern gelandet.

- Abstruse TV-Sendungen vermitteln ein unheilvolles Bild von Spiritualität. In Call-In-Shows rufen Zuschauer einen „Berater" an, der Handlungsratschläge oder Botschaften aus der „geistigen Welt" von sich gibt.

– Wenn sich ein Mensch mit Fragen nach unserer Herkunft und dem Sinn unseres Daseins, nach einem jenseitigen Leben, Schicksal, Sinn von Leid, einer übergeordneten Kraft oder ähnlichen spirituellen Fragen beschäftigt, gilt er schnell als Spinner.

Beschäftigt er sich hingegen mit Philosophie, dann gilt er zwar immer noch ein bisschen als Spinner, aber als Bildungsbürger.

Und während Spiritualität im Zusammenhang mit Beratung und Therapie oft auf Ablehnung stößt, trifft gleichzeitig Spiritualität außerhalb dieses Kontextes auf großes Interesse. Ein großer Teil der Sachbücher-Bestseller entstammt den Bereichen Spiritualität, Religion, Lebensfragen. Spirituelle, in der Regel nicht auf akademische Weise ausgebildete Berater schießen wie Pilze aus dem Boden, mit Esoterik-Produkten werden Multi-Milliarden umgesetzt.

Und so laufen zwei Wege nebeneinander her, die sich nur selten berühren: ein vermeintlich wissenschaftlich abgesicherter Weg, mit einer Psychologie, die Seele nur mehr als neurologische Abläufe sieht und etwas Nicht-Körperliches verneint, und ein vermeintlich unwissenschaftlicher, ja oft als unseriös abgestempelter Weg der Spiritualität, der Seele als etwas sieht, was über die neurologischen, also körperlichen Abläufe hinaus existiert.

Ich hatte einmal eine Diskussion mit einer Dozentin der Psychologie. Sie bestand darauf, den deutschen Begriff „Geist" ausschließlich mit dem englischen Begriff *mind* (Vernunft, Verstand) gleichzusetzen.

Ich hatte zu bedenken gegeben, dass der Begriff „Geist" im Englischen auch mit *Spirit* übersetzt werden kann. Das würde einen Zugang zur Spiritualität eröffnen, den Menschen nicht als rein körperliches, sondern auch spirituelles Wesen zu sehen. Damit konnte sie sich nicht so recht anfreunden. Können Sie es?

Spiritualität: eine Arbeitsdefintion

Die Empfindungen, Bewertungen und Handlungen eines Menschen – einer Person – können auf drei Ebenen beschrieben werden:

Intrapersonal: Die Innenwelt einer Person betreffend

Interpersonal: Die Interaktionen mit anderen Personen betreffend

Transpersonal: Die Interaktion mit einem Bereich betreffend, der über die Ebene von Personen – der eigenen wie der anderen – hinausgeht

Spiritualität bezieht sich dabei nicht nur auf jenseitige oder übersinnliche Bereiche.

Spirituell ist alles, was sich mit den genannten Bezugsbereichen befasst:

- die Innenwelt einer Person

- die Umwelt, die unsere Lebensbedingungen darstellt

- die Erde als Quelle allen Lebens

- die Natur und die Naturkräfte

- die zyklischen Abläufe der Natur

- die Zugehörigkeit zu größeren Gruppen wie Familie, Freunde und Volk

- die Menschheit als Spezies

- die Gesamtheit der Bewohner der Erde, die alle Spezies der Erde umfasst

- das Universum, das alles umfasst

– die Verbundenheit mit diesen umfassenderen Aspekten

Es ist im Rahmen einer Beratung/Therapie hilfreich, diese Aspekte zu vergegenwärtigen und die Verbundenheit damit wahrzunehmen und zu stärken.

Spiritualität ist nicht an eine *konkrete* Religion im Sinne einer *Konfession* (lat.: Bekenntnis) gebunden. Nach der hier vertretenen weiten Auslegung des Begriffes, können selbst Menschen, die sich explizit als unreligiös einschätzen, spirituelle Ansätze positiv aufnehmen und lebensbereichernd umsetzen.

Ich möchte folgende Arbeitsdefinition von Spiritualität übernehmen und anbieten:

> *„Spiritualität ist jedermanns natürliche Verbindung mit dem Wunder und der Energie des Lebens – und der Drang, diese Erfahrung und seine Bedeutung zu erforschen".* [44]

Man könnte einwenden, dass diese Auffassung von Spiritualität sehr weit gefasst ist und dadurch einer gewissen Beliebigkeit zuarbeitet. In der Tat scheinen Anhänger moderner Spiritualität einen gewissen Eklektizismus zu betreiben. Eine Buddhastatue in der Wohnung ist derzeit angesagtes Einrich-

---

[44] Spirituality is everyone's natural connection with the wonder and energy of life - and the instinct to explore that experience and its meaning. [Übersetzung durch mich].

Die Definition des Spiritual Companions Trust. Dies ist eine britische Organisation zur Professionalisierung von Spirituellen Begleitern, die wesentlich von William Bloom geprägt ist.

http://www.spiritualcompanions.org/about-us/spiritual-beliefs/#.WjbuZLi_gQQ

tungsaccesoire, ein wenig Dalai Lama, ein wenig Law of Attraction und Universums-Wünscherei, was sich in Bestsellern widerspiegelt, und das Ganze vor dem Hintergrund einer zumeist doch noch christlichen Sozialisation.

Ja, man kann eine gewisse Beliebigkeit feststellen. Aber ich würde diese nicht negativ bewerten. Ich würde sie positiv bewerten. Menschen erkennen die ihnen innewohnende Spiritualität an und leben sie auf unterschiedliche Weise aus. Sie finden einen persönlichen Weg, ihre eigene Form von Spiritualität in ihr Leben einzubinden.

Eine solche Orientierung kann in nahezu alle humanistischen Therapie-/Beratungsformen einfließen.

Doch diese Definition ist nur ein Vorschlag.

Was verstehen Sie unter Spiritualität?

Ist Ihre Definition mit der oben genannten zu vereinbaren – oder passt da etwas nicht?

Haben Sie Zugang zu der Art von Spiritualität, die Sie unter diesem Begriff verstehen?

Wie leben Sie Spiritualität?

Welche Zeiten, welche Orte, welche Aktivitäten, welche Menschen bringen Sie in Verbindung mit Ihrer Spiritualität?

Orientieren Sie sich bei Entscheidungen an Ihrer Spiritualität?

Welches sind Ihre wertvollsten Erinnerungen?

In diesen Erinnerungen: Waren Sie allein?

Spirituelle Praxis

Was ist Spiritualität in der Praxis, wie kann man sie leben, wie kann man sie umsetzen, wie und wo wird sie im Leben, im Alltag bemerkbar?

Ich möchte hier eine sehr einfache Sicht von Spiritualität vorschlagen. Hierzu greife ich auf eine knappe Formel von William Bloom [45] zurück. Nach ihm haben alle spirituellen Traditionen drei Kernelemente:

- **Verbindung**

- **Reflexion**

- **Beitrag zum Gemeinwohl**

Entsprechend der beschriebenen weiten Fassung des Begriffes Spiritualität sind auch die Möglichkeiten, Spiritualität umzusetzen und zu erleben weit gefächert und nicht an religiöse Vorstellungen gebunden.

Verbindung (Connection)

Sich verbinden, mit einem Gegenüber, den uns umgebenden Menschen, Dingen und Gegebenheiten, der Umwelt. Sich als Teil eines größeren Ganzen sehen. Eine gewisse Grundgelassenheit entwickeln und ein Gespür dafür, wie alles sich gegenseitig beeinflusst, alles miteinander verbunden ist. Es gibt verschiedene Wege, dies zu tun.

---

[45] Ein spiritueller Lehrer und Autor. Er hat über 20 Jahre in der spirituellen Gemeinschaft von Findhorn gelebt.

Umsetzung

- Verbindung mit sich selbst, der eigenen Seele, dem eigenen Geist

Hier geht es darum, wieder ein Gefühl für sich selbst, für eigene Bedürfnisse und eigenes Empfinden zu bekommen, und auch darum, sich eigene Wünsche zu erfüllen und dies genießen zu können.

Auf die Unterscheidung von Seele und Geist gehe ich hier nicht ein. Es sollte nur beides genannt werden, damit sich jeder nach seinem Empfinden einen Begriff aussuchen kann, zu dem er einen Zugang hat.

Meditation ist immer ein sehr gutes Mittel. Aber nicht nur Meditation.

Das Führen eines Tagebuches ist ebenfalls ein guter Weg, zu sich selbst zu finden.

Oder das Ausleben mit kreativen Mitteln wie Malen oder Musik oder ...

Oder über Sport. Zumindest dann, wenn Sport nicht aus Leistungsdenken betrieben wird, sondern mit der Intention, sich selbst etwas Gutes zu tun und sich selbst zu spüren.

Oder ein Spaziergang, bei dem man wieder zu sich kommt, statt nur von A nach B zu gehen. „Spazieren" gehen, das klingt für mich fürchterlich. Auch wenn manche Menschen Anglizismen ablehnen, ich finde, in der englischen Sprache gibt es zuweilen schöne und passende Bezeichnungen. „To go for a walk" klingt richtig, das Gehen als Selbstzweck.

- Verbindung mit anderen Menschen

Hier geht es darum, mit anderen Menschen in den Austausch zu treten, das Teilen von Zeit und Erleben, den Austausch von Gedanken und Gefühlen. Und dies geschieht, indem man sich auf diesen Anderen einlässt. Am intensivsten eins zu eins.

Auch die Rückbesinnung auf die Familie kann hilfreich sein. Manchmal sind Familien ein belasteter Bereich und es gibt das Bedürfnis, sie zu meiden. Doch häufig sind sie auch wertvoll: die Rückbesinnung auf gemeinsame Wurzeln und Erlebnisse, auch den Rückhalt zu spüren, den sie gibt.

Ähnlich ist dies mit Freunden.

Oder mit einer Gruppe Gleichgesinnter. Zum Beispiel im Verein. Es muss ja nicht gleich der organisierte eingetragene Verein sein. Einfach Menschen, mit denen man etwas teilt. Mit denen man zusammenkommt, und sich wieder löst, aber für eine Zeit etwas Gemeinsames bildet.

Oder das Team auf der Arbeit. Arbeiten die Menschen hier nur nebeneinander her oder fühlen sie sich verbunden und tragen sich gegenseitig?

Die *Social Support*-Forschung befasst sich damit, wie sich soziale Netzwerke (Familie, Freunde, Kollegen, Nachbarn...) auf die Entstehung und den Verlauf von Erkrankungen auswirken. [46] Wissenschaftliche Untersuchungen bringen nicht immer nur neue Erkenntnisse, oft dienen sie dazu, etwas zu belegen, was bereits nahe lag: Wer sich in

---

[46] Social Support Forschung ist Teil der Gesundheitspsychologie und diese war einer meiner beiden Studienschwerpunkte.

sozialen Netzen gut aufgehoben weiß, wird seltener krank, die Erkrankung verläuft weniger aggressiv und die Gesundung und Rehabilitation verläuft schneller – selbst dann, wenn diese sozialen Netzwerke nicht einschreiten mussten. Es genügt oft, das Gefühl, dass sie da sind, dass man nicht allein steht.

- Verbindung über die Natur

Hier geht es darum, sich als Teil der umgebenden Natur zu sehen und zu fühlen.

Dabei ist es gleich, ob man sich eher auspowernd über Sport durch die Natur bewegt, wie etwa beim Laufen, Klettersport, Kajakfahren etc., oder ob man gerne spazieren geht (siehe oben), im Wald, am Strand, oder dort, wo der Blick frei wird und nicht abgefangen wird von Gebäuden.

Oder über Tiere. Haustiere haben einen ungemein positiven Effekt auf Menschen. Auch das Erleben von Tieren in freier Natur kann eine solche Verbindung spürbar machen.

Oder über Gartenarbeit.

In Untersuchungen wurde herausgefunden, dass Patienten in Krankenhäusern besser genesen und geringere Dosen an Schmerzmitteln benötigen, sowie Insassen in Gefängnissen weniger häufig erkrankten, wenn ihre Fenster einen Blick auf grünes Land freigaben, statt auf Mauern und Gebäude. [47]

---

[47] Frumkin, H. (2001): Beyond Toxicity: Human Health and the Natural Environment. In: American Journal of Preventive Medicine, 2001, No. 20. Pp. 234–240.

„Ich glaube an Gott, nur dass ich es Natur nenne." (Frank Lloyd Wright). [48]

- Verbindung über Kunst

In Ergänzung zu der bereits erwähnten Verbindung über eigene Kreativität, geht es hier um ein Erleben von Kunst in der Rezeption, in der Wahrnehmung.

Das Betrachten eines Gemäldes, das Hören einer Symphonie, das Lesen eines geistig ansprechenden Buches: Kunst auf sich wirken zu lassen (auch mit Zeit und Muße) kann ein Gefühl der Verbindung mit etwas Größerem aufkommen lassen.

Viele Künstler beschreiben ihren Schaffensprozess als etwas, das scheinbar weniger von *ihnen* hervorgebracht wurde, sondern vielmehr etwas, was irgendwie bereits da war, das sie gefunden hat, statt umgekehrt. Eine *Inspiration*, eine Eingebung, gegeben von einem größeren Etwas. Und die Wirkung dieser Kunst löst in den Betrachtern oder Hörern oft ein Gefühl aus, mit diesem Etwas in Verbindung zu treten.

- Verbindung über eine Hinwendung zu einem höheren Bewusstsein, einer Quelle, Gott

Hier geht es um die Hinwendung zu einem Größeren, was über den einzelnen Menschen und auch über die Menschheit hinausgeht. Ob man glaubt, dass so etwas existiert, bleibt jedem freigestellt. Ebenso, wie man es benennt. Welche Attribute man diesem zuschreibt. All' dies ist pluralistisch und bunt zu finden in der Welt.

---

[48] „I believe in God, only I spell it Nature." Frank Lloyd Wright, amerikanischer Architekt und Schriftsteller.

Ich biete eine geführte Meditation / Hypnose „Verbindungen" zum kostenlosen Download auf meiner Homepage an.

Reflexion (Reflection)

Eine Auszeit nehmen und Zeit zu reflektieren. Über die Zusammenhänge von eigenem Denken und Handeln und der eigenen Wahrnehmung der umgebenden Welt. Sich der eigenen Verbundenheit bewusst zu werden. Die eigene Weiterentwicklung im Auge behalten. Mitgefühl und Weisheit entwickeln, Herz und Bewusstsein.

Umsetzung

- Meditation

Wie diese Reflexion geschieht, bleibt eine Frage der Wahl. Meditation ist ein guter Weg. Und in ihren vielfältigen Formen ist für jeden etwas Passendes dabei. Niemand muss in einer unbequemen, ungewohnten Haltung verharren, niemand muss sich mit fremden Begriffen oder Silben (Mantren) beschäftigen, niemand muss religiös sein, um zu meditieren. [49]

- Mitgefühl

Ziel der Reflexion kann die Entwicklung eines Gefühls der Verbindung zu anderen Menschen, der Welt und einem größeren Ganzen sein. Hier dreht es sich also um eine Achse mit Punkt eins. Als Aspekte dieses Gefühls können genannt werden:

---

[49] Mehr hierzu im Skript „Entspannung, Meditation & Hypnose".

- Selbstakzeptanz

- Mitgefühl

- Vergebung

In der Psychotherapie beruhen die meisten neurotischen Erkrankungen und Konflikte auf diesen drei Themen:

- Selbstakzeptanz (oder Selbstannahme), der Schwierigkeit, sich so zu nehmen und zu lieben, wie man ist;

- Mitgefühl, nicht Mitleid, der Fähigkeit, die Position des anderen wertschätzend wahrzunehmen und ein Gefühl für seine Situation zu haben, das eine Annäherung begünstigt und eine Abwendung hemmt;

- Vergebung, oder therapeutischer formuliert, Ablösung, die Schwierigkeit loszulassen und Vergangenheit zu akzeptieren. Vergeben heißt hier nicht, gutheißen, es heißt vom Schmerz und der Bitterkeit loszulassen. Dies ist die allerkürzeste Formel.

Moderne Psychotherapieverfahren führen zum Teil diese Aspekte in ihrer Selbstbezeichnung, so die Akzeptanz- und Commitment Therapie (ACT).

- ▪ Gebet

Wer einen religiösen Zugang hat, findet im Beten eine Form der Reflexion. Die meisten Menschen werden sich zum Beten irgendwo ruhig hinsetzen, andere stehen dabei lieber. Manche Menschen führen ein kleines Ritual aus, und sei es nur das Falten oder Aneinanderlegen der Hände. Und dann sammeln sie ihre Gedanken, konzentrieren sich eine Zeitlang auf dieses Gebet und senden ihre Gedanken ab. Dabei werden der Herzschlag und die Atmung zwangsläufig ruhiger, die Gedanken beruhigen sich, und durch das Absenden der Gedanken tritt oft ein Gefühl der Erleichterung oder Zuversicht ein.

Beitrag zum Gemeinwohl (Service)

Ich vermeide tunlichst das Wort „Dienst" als Übersetzung von „Service". Dienst ist eher negativ besetzt, zum einen klingt es sehr behördlich, zum anderen klingt es scheinbar nach untergeordnetem Status gegenüber dem übergeordneten „Bedienten". Das ist nicht gemeint.

Einen Beitrag zum größeren Ganzen leisten. Klären, wie man ein Leben führen kann, das auch den anderen Menschen, der umgebenden Welt, einem größeren Ganzen dienlich ist. Durch achtsame Präsenz, Wertschätzung, nachhaltiges Handeln. Dies ist letztlich nicht rein altruistisch. Es hilft einem selbst. Letztlich ist alles miteinander verbunden.

Umsetzung

Life's most persistent and urgent question is, 'What are you doing for others?'

Martin Luther King, Jr. [50]

Der Beitrag zum Gemeinwohl kann vielerlei Formen annehmen, es kommt, wie bei allem hier, auf die Intention

---

[50] Zitiert nach Coretta Scott King (1984): The Words of Martin Luther King, Jr. Scranton, Pennsylvania: Newmarket Press.
[Dies ist ein weit verbreitetes Zitat. Es ist zu finden in dem genannten Buch der Ehefrau von M.L. King. Leider gibt C.S. King in diesem Buch keine weitere Quellenangabe, aus welchem Zusammenhang dieses Zitat stammt. Eine andere Quelle als dieses Buch konnte ich nicht ermitteln. Daher ist es ungewiss, ob es wirklich von ihm stammt.

Siehe auch: https://www.ferris.edu/HTMLS/news/jimcrow/question/2015/January.htm]

an, auf die innere Einstellung, und weniger auf die äußere Tat.

- Nicht nur gemeinnützige Arbeit ist gemeinnützig

Es ist keineswegs so gemeint, dass man neben seiner üblichen Erwerbstätigkeit und neben seinen familiären Verpflichtungen noch eine weitere Tätigkeit ausüben muss, in der man dann explizit diesen Beitrag leistet, wie insbesondere in der ehrenamtlichen bzw. gemeinnützigen Arbeit. Diese ist natürlich eine nahe liegende Möglichkeit.

Ein Beitrag kann aber durch jede berufliche Tätigkeit geleistet werden. Dies muss keine explizit sozial-helfende Tätigkeit, etwa Sozialarbeit, oder pflegende Tätigkeit sein, oder Arbeit im Naturschutz. Mit jeder Tätigkeit trägt man zum Funktionieren und zum Wohl der Gemeinschaft bei. Der Bauarbeiter baut uns unsere Straßen, der Straßenfeger hält sie uns sauber. Der Briefträger trägt zu unserer Kommunikation bei, der Kaufmann versorgt uns mit Waren. Der Wissenschaftler bereichert unser Wissen und forscht vielleicht an etwas, was direkt oder indirekt uns allen zugute kommt. Jeder, ob ungelernter Arbeiter, Handwerker, Akademiker oder Künstler trägt zur Gemeinschaft bei. [51]

Seinen Beitrag zur Welt kann jeder geben, indem er bei sich selbst anfängt, sich über sein Tun und seine Folgen klar zu werden (Reflexion) und dann nachhaltig zu handeln, zu konsumieren, Entscheidungen zu treffen. Nicht nur Umweltaktivisten und Politdemonstranten tragen

---

[51] Gut, ich weiß jetzt nicht, wozu BWL'er beitragen... Die Spitze konnte ich mir nicht verkneifen.

dazu bei. Sondern jeder auf seine Weise, jeder in seinem Rahmen, jeder seinen Teil.

Vielleicht würde man soweit noch gar nicht widersprechen. Doch wie sieht es aus, wenn man in dem größeren Ganzen nicht nur die Gemeinschaft oder die Erde sieht, sondern ein höheres Bewusstsein? Müsste man da nicht etwas „spirituelleres" machen? Wie könnte man Gott einen Dienst erweisen?

Dazu müsste man nichts Besonderes machen. Wenn ein Mensch bei dem, was er tut, den Gedanken und das Gefühl hat, dass er damit Gottes Schöpfung achtet und seinen Beitrag leistet, dann kann er dies durch jede Tätigkeit tun. Es kommt darauf an, dass er es mit der entsprechenden Intention tut.

Diese drei Kernelemente verstärken sich gegenseitig.

Verbindung führt zu einem Gefühl, ein Teil des Größeren zu sein und dies zu dem Wunsch, etwas beizutragen.

Reflexion führt zu einer veränderten Verhaltensweise im Kontext des Größeren, da man sich seiner Zugehörigkeit zu etwas Größerem bewusster wird. Außerdem wird ein tieferes Verständnis für andere Teile dieses Größeren entwickelt und damit Mitgefühl.

Der Wunsch, zur Gemeinschaft, zum größeren Ganzen etwas beizutragen, wird stärker, wenn die ersten beiden Punkte, Verbindung und Reflexion, ausgeprägter werden. Umgekehrt wird durch Beitrag das Gefühl einer Verbundenheit gestärkt.

Andere englische Begriffe für diese drei Kernelemente:

Bill O'Hanlon, amerikanischer Counselor und Fachbuchautor, verwendet im Grunde die gleiche Trias für Spiritualität wie Bloom, er benennt sie nur geringfügig anders, um eine Alliteration zu erhalten (eine Alliteration, alle Begriffe beginnen mit dem gleichen Buchstaben, hilft, diese Begriffe zu erinnern), die er die „drei C's" nennt:

- Connection (Verbindung)

- Compassion (Mitgefühl, als Resultat von Reflection)

- Contribution (Beitrag, Service)

„Compassion" (Mitgefühl) statt Reflection bedeutet für O'Hanlon ein Gefühl von Freundlichkeit und Akzeptanz. Er spricht von „mit-fühlen" und stellt damit auf das Ziel ab, Mitgefühl zu entwickeln, während Bloom mehr auf den Weg abgestellt, um Mitgefühl zu entwickeln über Reflexion.

William Bloom selbst, auf den diese Trias zurückgeht, hat diese später im Rahmen seiner Arbeit als Gründer und Leiter des Spiritual Companions Trust abgeändert. Er benennt diese nunmehr als:

- Connection (Verbindung)

- Peace (of Mind, Inner Peace) (Innerer Frieden)

- Care & Compassion (Dienst am anderen & Mitgefühl)

Literatur:

Zur Spirituellen Praxis:

Bloom, William, 2011. The Power of Modern Spirituality. London: Piatkus.

[Dieses Buch ist sehr empfehlenswert. Unter anderem 20 Jahre in der Findhorn-Gemeinschaft sind eine intensive Erfahrung, darüber hinaus hat William Bloom sich jahrzehntelang mit unterschiedlichen Formen von Spiritualität beschäftigt. Das Buch beschreibt einen pragmatischen und doch profunden Umgang mit Spiritualität.]

Bloom, William, 2018. Your Spiritual Health Programme. Glastonbury: Spiritual Companions Trust. [PDF]

Bloom, William, 2020. Secrets of Spiritual Health and Happiness. Glastonbury: Spiritual Companions Trust. [PDF, gleicher Inhalt wie oben, neuer Titel]

[Bloom und weitere Mitarbeiter entwickelten ein Programm zur Verbesserung der psychischen Gesundheit über die Einbeziehung von Spiritualität. Das Programm als PDF ist sehr schön aufbereitet und enthält hilfreiche Darstellungen und Übungen, für einen Einstieg in das Thema. Es ist kostenlos erhältlich: https://spiritualcompanions.org/secrets-booklet-and-pdf]

Dawes, Joycelin, Dolley, Janice, Isaksen, Ike, 2005: The Quest: Exploring a Sense of Soul. Ropley (Hants): O Books (John Hunt Publishing).

[Ein Buch mit vielen Übungen zur Spiritualität. Ebenfalls aus dem Umfeld der Findhorn Gemeinschaft.]

O'Hanlon, Bill, 2006. Pathways to Spirituality. New York: W.W. Norton.
[Geänderter Buchtitel bei der Taschenbuchausgabe: Solution-Oriented Spirituality]

[Dies ist ein Lehrbuch speziell für Therapeuten und die Einbeziehung von Spiritualität in die Therapie. Es ist sehr empfehlenswert, auch für Nicht-Therapeuten. Es ist vergleichsweise knapp gehalten, was aber dem Verständnis entgegen kommt.]

Spangler, David, 2002. Blessing. The Art and the Practice. NYC: Riverhead Books. [Erstausgabe 2001].

[In diesem Buch geht es darum, dass auch Laien – und nicht nur Priester – einen Se-gen spenden können, für andere Menschen, für spezielle Gelegenheiten etc. Um sich dem Thema zu nähern beschreibt Spangler zunächst ausführlich und eindrucksvoll, wie sich jedermann um seine eigene Spiritualität bemühen kann und so die energeti-sche Tiefe findet, Segen zu spenden.

David Spangler hat einige Jahre in der Findhorn-Gemeinschaft gelebt und dort die Umgestaltung von einer eher privaten Gemeinschaft zu einem Gäste- und Seminar-zentrum mitgestaltet.

In dem Buch beschreibt er ausführlich seine Auffassung von Spiritualität und vom Segnen. In der zweiten Hälfte beschreibt er Übungen. Davon befassen sich die ersten grundlegend mit Spiritualität und sind sehr empfehlenswert – auch, wenn man die spä-teren Übungen zum Segnen nicht machen möchte.]

Zur Transpersonalen Psychotherapie:

Assagioli, Roberto, 2004: Handbuch der Psychosynthese. Grundlagen, Methoden und Techniken. Rümlang: Nawo. [Erstveröffentlichung USA 1965: Psychosynthesis - a Manual of Principles and Techniques].

[Neuübersetzung, mit weiteren Beiträgen anderer Autoren. Eine frühere Ausgabe gab es unter dem Titel *Psychosynthese* im API-Verlag 1988.]

Assagioli, Roberto, 1992: Psychosynthese und transpersonale Entwicklung. Paderborn: Jungfermann.

[Roberto Assagioli war Arzt, Freud-Schüler, und zunächst Psychoanalytiker. Mit den Jahren wandte er sich mehr und mehr von der Psychoanalyse nach Freud ab. Es kam ihm vor, als würde etwas Entscheidendes fehlen. Nach einer Analyse (= Auseinandernehmen) müsse unbedingt auch wieder ein Zusammenfügen (= Synthese) folgen. So entwickelte er die Psychosynthese, die Gestaltung und Meditation als Mittel einbezieht.]

Spiritualität im therapeutischen Gespräch

Spiritualität im therapeutischen Gespräch kann natürlich auf einer Ebene stattfinden, indem Therapeut und Klient darüber sprechen, welche Spiritualität der Klient empfindet, lebt, oder eben nicht lebt, was der Klient mit dem Begriff verbindet, woher er Orientierung für seine Entscheidung findet. Alles auf Wunsch oder Anstoß durch den Klienten.

> Ein therapeutisches Gespräch unterscheidet sich von einer gewöhnlichen Unterhaltung, auch wenn dies nicht gleich ersichtlich ist. Eine nähere Erläuterung, wodurch sich ein therapeutisch-beratendes Gespräch von einem gewöhnlichen Gespräch unterscheidet, finden Sie im Skript „Counseling, Beratung & Therapie".

Aber Spiritualität im therapeutischen Gespräch kann auch auf einer anderen Ebene stattfinden. Diese Spiritualität beginnt bei der Haltung des Therapeuten.

Carl Rogers, der Begründer der Klientenzentrierten Therapie und einer der Begründer der Humanistischen Psychotherapie hat die Haltung des Therapeuten für die Humanistische Psychotherapie mit den bekannten drei Therapeutenvariablen beschrieben: **Empathie** (= Einfühlendes Verstehen, engl.: empathy), **Wertschätzung** (engl.: respect), **Kongruenz** (oder Echtheit, engl.: congruence). [52]

Ab den achtziger Jahren beschrieb Rogers noch ein viertes Element:

---

[52] Kurze Darstellungen hierzu sind im Skript „Counseling, Beratung & Therapie".

Präsenz

Präsenz (engl.: presence): Dem Klienten zu einem gegebenen Zeitpunkt die eigene Person als Gegenüber anzubieten und unvoreingenommen Aufmerksamkeit zukommen zu lassen.

Rogers beschreibt in „A Way of Being" (1980), was in einer helfenden Beziehung geschieht, wenn er sehr eng bei seinem „inneren intuitiven Selbst" ist:

> *„Wenn ich irgendwie in Berührung bin mit dem Unbekannten in mir, wenn ich in einem leicht veränderten Bewusstseinszustand bin, dann scheint – was auch immer ich tue – voller Heilung zu sein. Dann ist einfach nur meine Präsenz erlösend und hilfreich für den anderen. Es gibt nichts was ich tun könnte, um diese Erfahrung zu erzwingen, aber wenn ich mich entspanne und dem transzendentalen Kern in mir nahe bin, dann mag es sein, dass ich mich auf seltsame und impulsive Weise verhalte in der Beziehung, Verhaltensweisen, die ich nicht rational rechtfertigen könnte, die nichts zu tun haben mit meinen gedanklichen Prozessen. Aber diese seltsamen Verhaltensweisen erweisen sich seltsamerweise als richtig: es scheint, dass mein Geist/meine Seele (my inner spirit) sich ausgestreckt (reached out), und die Seele des anderen berührt hat. Unsere Beziehung geht über sich selbst hinaus (transcends) und wird ein Teil von etwas Größerem. Tiefgehendes Wachstum und Heilung und Energie sind gegenwärtig."*
> Rogers, 1980 [53]

---

[53] "I find that when I am the closest to my inner, intuitive self, when I am somehow in touch with the unknown in me, when perhaps I am in a slightly altered state of consciousness, then whatever I do seems to be full of healing. Then simply my *presence* is releasing and helpful

Er war sich selbst unklar, ob dies tatsächlich ein zusätzliches viertes Element war, oder vielmehr die Essenz, die den anderen zugrunde lag.

---

to the other. There is nothing I can do to force this experience, but when I can relax and be close to the transcendental core of me, then I may behave in strange and impulsive ways in the relationship, ways which I cannot justify rationally, which have nothing to do with my thought processes. But these strange behaviors turn out to be *right,* in some odd way: it seems that my inner spirit has reached out and touched the inner spirit of the other. Our relationship transcends itself, and becomes a part of something larger. Profound growth and healing and energy are present."

Rogers, A Way of Being, S. 129. [Übersetzung durch mich].

Nahezu wortgleich wiederholt er dies auch in einem Interview von 1987:

"... I find that when I am the closest to my inner, intuitive self – when perhaps I am somehow in touch with the unknown in me – when perhaps I am in a slightly altered state of consciousness in the relationship, then whatever I do seems to be full of healing. Then simply my presence is releasing and helpful. At those moments, it seems that my inner spirit has reached out and touched the inner spirit of the other. Our relationship transcends itself, and has become part of something larger. Profound growth and healing are present."

Michèle Baldwin: The use of self in therapy, S. 36.

[...] Ich bin geneigt, zu glauben, dass ich in meinen Schriften vielleicht zu sehr die drei Basisvariablen betont habe (Kongruenz, unbedingte positive Aufmerksamkeit und empathisches Verstehen). Vielleicht ist es etwas entlang der Grenzen dieser Bedingungen (der Basisvariablen), das wirklich das wichtigste Element einer Therapie ist – wenn mein Selbst sehr klar, offensichtlich präsent ist."

Rogers in einem Interview mit M. Baldwin, 1987 [54]

Rogers etablierte mit diesem Konzept eine grundlegend **achtsamkeitsbasierte Therapie**, ohne diesen Begriff zu verwenden.

Ich möchte an dieser Stelle noch einmal herausstellen:

Wenn ein Mensch subjektiv ein Gefühl hat, als wäre dort eine Präsenz, die über das personale hinausgeht – oder als würde dort eine Form von Energie fließen – und dieser Mensch hat das Gefühl, er würde in diesem Moment diese Präsenz oder Energie spüren, durch welche Wahrnehmung auch immer, dann gibt es ganz grundsätzlich zwei Möglichkeiten:

> 1. Da ist tatsächlich eine Präsenz oder Energie. Und der Mensch kann sie spüren.

---

[54] "[...] I am inclined to think that in my writing perhaps I have stressed too much the three basic conditions (congruence, unconditional positive regard, and empathic understanding). Perhaps it is something around the edges of those conditions that is really the most important element of therapy – when my self is very clearly, obviously present."

Michèle Baldwin: The use of self in therapy, S. 30. [Übersetzung durch mich].

2. Da ist nichts. Und der Mensch vermeint nur, sie zu spüren.

Er bildet sich nur etwas ein. Er missinterpretiert physische Wahrnehmungen. Oder er erzeugt sie selbst: Kribbeln, Wärmegefühl.

> (Erwartungshaltung erzeugt spezifische Hormonausschüttung, diese führt zu Erweiterung der lokalen Blutbahnen, erzeugt erhöhte Durchblutung, erzeugt Wärmegefühl).

Für den *therapeutischen* Nutzen ist es nachrangig, was von beidem vorliegt. Wichtig ist in diesem Zusammenhang, dass es hilft.

Das ist ein wesentlicher Unterschied zur physisch-evidenzbasierten Welt:

Wenn ich mir einbilde, dass mein Auto aufgetankt wird, dann werde ich feststellen, dass ich anschließend dennoch nicht damit fahren kann.

Wenn ich mir einbilde, dass ich selbst mit Energie / Liebe / Trost / Hoffnung aufgetankt werde, kann ich feststellen, dass ich mich anschließend nicht nur besser „fühle", sondern mir Alltagsangelegenheiten wie auch besondere Herausforderungen leichter fallen und besser gelingen. Nicht immer, nicht zwangsläufig. Aber diese grundlegende Erfahrung kennt mutmaßlich jeder.

Literatur:

Baldwin, Michèle, 2000: The use of self in therapy. NY: Haworth. (Kapitel 2, Interview with Carl Rogers on the use of self in therapy. Seiten 29-38.)

Klingt verwirrend: Das Interview von 1987 wurde als Kapitel in einem 2000 erschienenen Buch von Baldwin wiederveröffentlicht.

Erstveröffentlichung des Interviews in: The Journal of Psychotherapy & the Family, Volume 3, Number 1, 1987.

Rogers, Carl R., 1995: A Way of Being. New York: Houghton Mifflin Company. [Erstausgabe USA 1980. Boston: Houghton Mifflin Company]

Geller, Shari M. & Greenberg, Leslie S., 2012: Therapeutic Presence: A Mindful Approach to Effective Therapy.

Intuition

Die Kunst der Therapie ist keine primär wissenschaftlich fassbare. Es ist nicht wie das Befolgen eines Rezeptes. Es beinhaltet ein Element der Improvisation. Bereits oben bei Rogers tauchte der Begriff des „inneren intuitiven Selbst" auf.

Das ist der Antagonist jeder Wissenschaft. Und daher gelten Ansätze, die dieses Element betonen oder explizit nutzen, als unwissenschaftlich, während rezeptartige Verfahren, die mit Trainingsplänen und Skalierbarkeiten arbeiten, als wissenschaftliches Ansehen genießen.

Nichts ist gegen diese Verfahren einzuwenden. Einzuwenden ist etwas gegen das Verwerfen anderer Ansätze, die Therapie eher als Kunst denn als Technik ausüben. Und den Klienten eher als Subjekt denn als Objekt sehen.

In Gesprächen geschieht es zuweilen, dass ich gefragt werde, was ich als Therapeut *tue*? Zuweilen wird dann ein Beispiel konstruiert, das an einen Witz erinnert. „Kommt ein Mensch zum Therapeuten und hat jenes Problem. Was tun Sie?"

Zunächst ist es weniger wichtig, mit welchem Problem jemand kommt. Wichtiger ist, was für ein Mensch da sitzt. Wie *ist* dieser Mensch, wie „tickt" dieser Mensch? Wie ist seine Mimik und Gestik, mit welcher Stimme erzählt er, mit welchen Begriffen, welchen Formulierungen?

Und vor allem: Wie wirkt er auf mich?

„Intuition" klingt immer ein bisschen wie „improvisiert", und das klingt immer ein bisschen wie „Schau'n mer mal". Dabei ist die Intuition gerade das, was den soliden Anwender vom Experten trennt. Während jener noch nach Plan vorgeht, verlässt sich der andere auf sein Wissen, seine Erfahrung, und vielleicht auch – wenn er ein entsprechendes Weltbild hat – auf eine eingebende Kraft.

Zum Abschluss dieses Abschnittes noch ein Zitat für alle, die auch Eingebungen durch eine höhere Kraft in ihrem Weltbild für möglich halten:

> *Er wird Dir exakt sagen, was zu tun ist, um einem Anderen zu helfen, den Er wegen Hilfe zu Dir geschickt hat, und wird zu ihm durch Dich sprechen, wenn Du nicht dazwischen gehst.*

> Ein Kurs in Wundern, Kapitel 9. [55]

Literatur:

Schucman, Helen, 1976: A Course in Miracles. [56]

---

[55] He will tell you exactly what to do to help anyone He sends to you for help, and will speak to him through you if you do not interfere.

A Course in Miracles, Chapter 9 Section IV/V [The Unhealed Healer]. Unterschiede in der Sektionszählung liegen zwischen dem frei verfügbaren Urtext und der Buchfassung

[56] Online-Version, unter anderem: https://acourseinmiraclesnow.com/read-acim-online/

Spiritualität in Meditation & Hypnotherapie

Helferfiguren

Um zu verstehen, wie eine spirituelle Dimension in der Hypnotherapie umgesetzt werden kann, muss man verstehen, wie Hypnose grundsätzlich eingesetzt werden kann. [57]

Man kann mit dem Phänomen der Hypnose sehr unterschiedlich arbeiten. Einige der Möglichkeiten sind Variationen von projektiven Verfahren. Im deutschsprachigen Raum sind diese schon seit längerer Zeit unter dem Begriff Phantasiereise bekannt, im englischsprachigen Raum werden sie vorwiegend unter dem Begriff der „Guided Meditation", also geführte Meditation angeboten, was nochmals die grundsätzliche Überlagerung von Meditation und Hypnose unterstreicht.

So kann der Therapeut den Klienten anleiten, in eine Phantasiewelt einzutreten, die es ihm ermöglicht, einzelne unbewusste Anteile zu personifizieren, und dadurch wird es ihm ermöglicht, auf diese Figuren zu projizieren. Er kann in einen Dialog mit diesen Anteilen treten.

Diese können dabei jedwede Gestalt annehmen, die dem Weltbild des Klienten entspricht. Dies können Menschen sein, Tiere, historische oder literarische Figuren, und auch mythologische Figuren oder alle Arten von Symbolen, die diesen Anteil nun darstellen.

Oftmals werden diese Figuren als Helferfiguren gesehen und hinzugezogen: Figur der Inneren Weisheit, Innerer Therapeut, Beschützer etc.

---

[57] Mehr hierzu im Skript „Entspannung, Meditation & Hypnose".

Der Klient kann sich dabei gestatten, ohne Scham auch mit Figuren in Kontakt zu treten, die der kollektiven oder individuellen Vorstellung von Spiritualität entstammen. Engel werden beispielsweise gerne als Beistand hinzu gerufen.

Ob es sich hierbei um tatsächliche Engel handelt oder lediglich um eine Phantasie, das ist eine interessante Frage. Für die therapeutische, stützende und heilende Wirkung, ist es in der Tat unerheblich, ob es echt ist oder nur vorgestellt.

Verstorbene

In jeder Systemischen Therapie wird das soziale Umfeld, werden die Personen im Umfeld eines Klienten einbezogen. Dies ist zwar nur ein Aspekt der systemischen Therapie, man könnte sagen, der sozio-systemische Aspekt, daneben gibt es noch den systeminternen, den selbstorganisatorischen Aspekt [58], doch werden stets die sozialen Beziehungen eines Klienten thematisiert und nach Möglichkeit anschaulich, sichtbar oder fühlbar gemacht.

Dies geschieht auf unterschiedliche Arten. Zum Beispiel in Form einer Familienaufstellung [59], in der Menschen – seien es die echten Familienmitglieder oder die Mitglieder einer Therapiegruppe stellvertretend für bestimmte Familienmitglieder – aufgestellt werden. Viele Systemische Therapeuten versuchen,

---

[58] Siehe hierzu das Skript „Counseling, Beratung & Therapie".

[59] Achtung, nicht verwechseln (wird leider oft gemacht): Die meisten systemischen Therapeuten, soweit sie die Familienaufstellung nutzen, arbeiten mit (weiterentwickelten) Konzepten, die auf Virginia Satir zurückgehen. *Daneben* gibt es – vorwiegend im deutschsprachigen Raum – noch eine Variation nach Bert Hellinger, die eine deutlich andere, dogmatischere und zuweilen dominantere Vorgehensweise hat. Also nicht verwechseln: Familienaufstellung und Familienaufstellung *nach Hellinger*.

die Beziehungen, die Nähe und Distanz, die Konflikte und die Bündnisse, die Dyaden und Dominanzen greifbarer, zuweilen sogar in einem System notierbar zu machen, indem Figuren stellvertretend aufgestellt werden, zuweilen auf Spielbrettern, wie dem Familiensystemtest (FAST, nach Gehring), dem Familienbrett und weiteren Verfahren. Bernd Isert [60] beispielsweise verwendete schlicht die Spielfiguren eines bekannten Spielwarenherstellers.

Es liegt auf der Hand, dass Eltern einen entscheidenden Einfluss haben auf die Entwicklung von Werten, Einschätzungen, auf die Selbstsicht und auf Verhaltensweisen. Dieser Einfluss besteht fort, auch nach dem Versterben der Eltern. In ähnlicher Weise gilt dies für andere Familienangehörige wie Großeltern, Geschwister, Kinder. In einer Systemischen Therapie werden diese selbstverständlich – wenn es als Thema anliegt – mit einbezogen und in den Darstellungen des Familiensystems stellvertretend dargestellt.

Auch in der Gestalttherapie, insbesondere in der so genannten „Stuhlarbeit", werden abwesende Familienmitglieder, so dies als Thema anliegt, einbezogen. Dem Klienten wird beispielsweise ein leerer Stuhl gegenübergestellt. Der Klient wird gebeten, sich nun vorzustellen, wie auf diesem Stuhl der – verstorbene – Vater sitzt, und kann diesem nun mitteilen, was er ihm in persona nicht mehr mitteilen kann. Das gesamte Vorgehen soll hier nicht dargestellt werden. Es soll lediglich aufgezeigt werden, wie in vielen systemischen Verfahren „mit Verstorbenen" gearbeitet wird. Es ist also durchaus nicht so spiritistisch wie es zunächst klingen mag.

---

[60] In Fachkreisen bekannter Systemischer Therapeut und Lehrtherapeut (2017 verstorben).

In ähnlicher Weise können auch in einer systemischen Hypnotherapie Menschen, die verstorben sind, einbezogen werden.
Dies geschieht in der oben angeführten Weise der Imagination,
die wiederum in der hypnotischen Trance intensiver erfolgen
kann.

Literatur:

Weinert, Carlo (2010): Spirituelle Hypnose. Heilungen der
Seele durch Begegnungen mit Engeln, Verstorbenen und der
Göttlichen Welt in uns. Gelnhausen: Wagner Verlag.

> [Carlo Weinert ist Arzt und hat eine Ausbildung in
> Selbstorganisatorischer Hypnose am gleichen Institut
> gemacht, an dem auch ich eine meiner Ausbildungen
> gemacht habe, dem Zentrum für angewandte Hypnose
> von Götz Renartz. Er hat die Selbstorganisatorische
> Hypnose eingearbeitet in seine spirituellen Auffassun-
> gen und Erfahrungen.]

Havens, Ronald, A. (2007): Self Hypnosis for Cosmic Consciousness. Achieving Altered States, Mystical Experiences and Spiritual Enlightenment. Trowbridge: Cromwell Press.